KB055208

**30**
Abnormal Psychology

# 노년기
# 정신장애

설순호 · 임선영 지음

_ 건강하고 행복한 노년기의 장애물

학지사

# '이상심리학 시리즈'를 내며

21세기를 살아가는 우리는 급격한 변화와 치열한 경쟁으로 이루어진 현대사회에 적응해야 하는 커다란 심리적 부담을 안고 있다. 이러한 현실 속에서 현대인은 여러 가지 심리적 문제와 장애에 직면하게 될 가능성이 높다.

정신건강에 대한 사회적 관심이 증대되면서, 이상심리나 정신장애에 대해서 좀 더 정확하고 체계적인 지식을 접하고자 하는 사람들이 늘어나고 있다. 그러나 막상 전문서적을 접하게 되면, 난해한 용어와 복잡한 체계로 인해 쉽게 이해하기 어려운 것이 현실이다.

이번에 기획한 '이상심리학 시리즈'는 그동안 소수의 전문가에 의해 독점되다시피 한 이상심리학에 대한 지식을 일반 독자들에게 소개하기 위한 것이다. 이를 위해서 다양한 정신장애에 대한 최신의 연구 내용을 가능한 한 쉽게 풀어서 소개하려고 노력하였다.

'이상심리학 시리즈'는 서울대학교 심리학과 임상·상담 심리학 교실의 구성원이 주축이 되어 지난 2년간 기울인 노력의 결실이다. 그동안 까다로운 편집 지침에 따라 집필에 전념해준 집필자 모두에게 감사드린다. 아울러 어려운 출판 여건에도 불구하고 출간을 지원해주신 학지사 김진환 사장님과 한 권 한 권마다 좋은 책이 될 수 있도록 성심성의껏 편집을 해주신 편집부 여러분에게 고마움을 표한다.

인간의 마음은 오묘하여 때로는 "아는 게 병"이 될 수 있다. 그러나 이러한 우려보다는 "아는 게 힘"이 되어 보다 성숙하고 자유로운 삶을 이루어나갈 수 있는 독자 여러분의 지혜로움을 믿으면서, '이상심리학 시리즈'를 세상에 내놓는다.

2000년 4월
서울대학교 심리학과 교수
원호택, 권석만

## 2판 머리말

건강에 대한 높은 관심과 의료 기술의 발달로 이제는 100세 시대라는 말이 무색하지 않게 되었다. 65세 이상을 노년기라고 한다면, 인생의 약 3분의 1을 노인으로 살아가는 셈이다. 그만큼 건강하고 행복한 노후를 영위해나가는 것이 인생에 있어 중요한 과업이 되었다.

노년기는 그 어떤 시기보다 신체적 · 심리적 · 사회적 변화가 크게 일어난다. 정상적인 노화 과정 속에서 신체적으로나 인지적으로는 제약이 따라, 젊었을 때라면 손쉽게 할 수 있었던 일들이 더디고 힘들게 여겨질 수 있다. 직업에서의 은퇴와 가까운 사람들의 죽음으로 인하여 사회적 관계망이 협소해지고 위축되기도 한다. 또는 신체적 질환이 증가하거나 치매나 노년기 우울증과 같은 노년기에 특수한 정신장애가 발생할 수도 있다. 이는 당사자뿐만 아니라 가족이나 주변 사람에게도 감내하기 힘든 변화다.

하지만 이러한 노년기의 변화를 잘 이해하고 적응하며 장애들을 극복해나간다면, 보다 깊어진 연륜과 지혜로 품위 있는 노년기를 보낼 수 있을 것이다. 이를 위해 이 책에서는 대표적인 노년기 장애인 치매를 포함하여 노년기에 발생할 수 있는 다양한 정신장애의 종류와 원인, 치료 등을 가능한 한 쉽게 풀어 소개하고자 하였다. 이 책을 통해 현재 심리적인 어려움을 겪고 있는 노인과 그 가족, 한 발 앞서 건강하고 행복한 노후를 준비하고자 하는 일반인들이 실질적이고 구체적인 도움을 받을 수 있다면 더 바랄 것이 없겠다.

생기 넘치는 젊음이 혹자에게는 혼란과 방황의 시기가 될 수 있듯이, 노년기 또한 지나간 삶을 원망하는 외롭고 쓸쓸한 말년이 될 수도, 인생의 열매를 수확하는 따뜻하고 풍요로운 시기가 될 수도 있다. 우리 모두가 성공적인 노년을 향유할 수 있기를 기대한다.

2016년
설순호, 임선영

# 차 례

# 노년기의 특성

**1**

# 1. 노년기의 의미

## 1) 노인이 된다는 것

노인이 된다는 것은 무엇일까? 노인이 된 후 나의 삶은 어떻게 변할까? 하버드대학교 심리학과 교수 엘렌 랭어Ellen Langer는 70대 이상 노인을 대상으로 상당히 흥미로운 실험을 하였다. 눈도 침침하고 피부엔 주름이 가득하며 지팡이에 의존해야만 걸을 수 있는 노인들에게 그들의 20대 시절을 상기시킬 수 있는 물리적 환경을 조성해주고 일주일간 생활하도록 하였다. 일주일 후 이들에게는 놀라운 변화가 일어났다. 몸과 마음이 눈에 띄게 젊어진 것이다. 표정에는 더욱 생기가 돌고, 인지기능도 향상되었으며, 지팡이 없이는 거동이 불편하던 한 노인은 더 이상 지팡이 없이 걸을 수 있을 정도로 운동능력이 향상되었다. 이 실험은 노인이 되면서 일어나는 여러 가지 노화 현상이 어디까지가 자연의 이치인지, 얼마만큼 지연시킬 수 있는 것인지 의문을 품게 하였다.

통계청(2011)은 2013년도의 우리나라 노령화 지수를 83.3% 로 추정했었다. 이는 15세 미만 인구 대비 65세 이상의 노령인 구의 비율이 80%가 넘는다는 의미다. 이 수치는 2003년 41% 의 수치를 10년 만에 배로 뛰어넘은 놀라운 결과다. 우리가 앞 으로 노년기의 삶의 질에 특별한 관심을 기울여야 함은 당연 한 일이 되었다. 최근 필자가 20대 초반의 대학생 70명 정도를 대상으로 사망기사 쓰기[1]를 실시하였을 때, 반 이상의 학생들 이 자신의 수명을 100세 이상으로 예상하고 있어 깜짝 놀랐 다. 이미 20대의 젊은이들은 100세 시대를 당연하게 기대하고 있는 것 같다.

영화 〈은교〉의 주인공은 '늙는다는 것은 한 번도 입어보지 않은 낡으로 된 옷을 입는 것과 같다'고 표현하였다. 젊음이 개인의 노력으로 받는 상이 아닌 것처럼 나이 듦 역시 개인의 잘못으로 얻는 벌이 아닌 그저 자연스러운 흐름이다. 어느새 얼굴에 주름이 깊어지고 흰머리가 무성한 자신을 발견하며 노 인이 되었음을 실감한다. 높은 계단을 오를 때면 숨이 차고 몇 번을 쉬어가면서 오른다. 어느 날 길 가던 어린아이들로부터

---

[1] 자기 자신의 사망기사를 작성해봄으로써 인생의 목표와 의미에 대 해 성찰하도록 돕는 긍정심리학적 실습기법이다.

듣는 '할아버지' 또는 '할머니'라는 호칭에 자연스럽게 뒤돌아보게 되고, 버스에서 젊은이로부터 자리를 양보 받는 것을 점차 당연하게 여기기도 한다.

자녀의 입장에서도 어느새 온통 백발로 변해버린 부모님의 뒷모습을 보면서, 새삼 부모님이 나이 드심을 안타깝게 느낄 때가 있다. 사회에서 나름대로 중요한 역할을 담당하셨던 부모님이 은퇴 후에는 찾아오는 이 없이 무료하게 소일하며 지내는 모습이 안쓰럽게 느껴진다. 사소한 일들은 자주 잊어버리고 가끔 엉뚱한 말을 하면 혹시 치매가 찾아든 것은 아닌가 걱정하게 된다. 이런 모습들을 지켜보면서 자녀는 부모님이 노인으로 변해가는 것을 실감하게 된다.

## 2) 몇 세부터 노인인가

2011년에 보건복지부가 발표한 한 조사 결과에 따르면, 우리나라 사람들은 노인의 평균 나이를 66.7세로 간주한다고 하였다. 실제로 국내의 다양한 법과 정책마다 노인을 정의하는 연령이 다양한 가운데, 대체로 60~65세부터를 노인으로 정의하고 있다. 아울러 노인 연령 기준에 대한 국제 동향을 살펴보면, UN, OECD, EU 등 대표적인 국제기구들에서 65세부터를 노인으로 규정하고 있다.

인간의 심리사회적 발달단계를 제시한 심리학자 에릭슨 Erikson은 아동·청소년기뿐 아니라 성인기를 발달단계에 포함시키면서 세분화하였다. 그는 65세 이후를 노년기로 분류하였고, 이 시기의 중요한 발달과제는 '자아통합 대 절망감'이라 하였다. 신체적인 노쇠와 더불어, 직업적 은퇴, 가족과 지인의 상실 등으로 인해 무력감에 빠지기 쉽지만, 자신의 인생에 대한 긍정적 평가와 부정적 평가를 통합시킴으로써 절망감에 빠지는 것으로부터 자신을 보호할 수 있다.

발달심리학자 하비거스트Havighust 역시 인생의 발달단계를 세분화하여 제시하였는데, 그는 노년기에 해당되는 '성인후기'를 60세 이후로 정의하였다.

고령화 사회로 접어들면서 여러 가지 필요에 의해 노년기를 여러 단계로 세분하려는 시도가 이어지고 있다. 일부 노인학

◆ **하비거스트의 인생의 발달 단계**

| 발달 단계 | 해당 연령 |
|---|---|
| 아동초기 | 출생부터 5~6세 |
| 아동중기 | 5~6세부터 12~13세까지 |
| 청년기 | 12~13세부터 18세까지 |
| 성인초기 | 18~35세 |
| 성인중기 | 35~60세 |
| 성인후기 | 60세 이후 |

자들은 65세 이상의 노년기를 초기 노년기early old aged; 65~74세, 중기 노년기middle old aged; 75~84세, 후기 노년기advanced old aged; 85세 이상의 세 단계로 분류하였다. 현대사회에는 특히 후기 노년기에 속하는 85세 이상의 노인 인구가 급격히 증가하는 추세다.

### 3) 노년기 이해의 중요성

세계에서 가장 빠른 속도로 고령화되고 있는 한국 사회에서 노년기의 삶과 정신건강에 대해 관심을 갖는 것은 지극히 당연하고 필요한 일이다.

과거에는 60세까지 사는 것도 어려워 60세가 되면 환갑잔치를 성대하게 베푸는 풍습이 있었다. 그러나 의학기술의 발달과 복지 혜택이 확대되면서 평균 수명이 급격하게 증가하고 있다. 통계청에서 발표한 자료에 따르면 우리나라의 평균 기대수명이 1970년대 남자 58.7세 여자 65.6세였고 이후 꾸준히 증가하여 2012년 현재 남자 77.9세 여자 84.6세로 급격히 증가하였다.

전체 인구 중 65세 이상인 노인비율이 7% 이상이면 '고령화 사회'라고 하며, 14% 이상이면 '고령사회'로 분류된다. 우리나라의 경우, 2000년 65세 이상 노인이 전체 인구의 7.2%

◆ 평균 기대수명 추이 (단위: 세)

|  | 1970 | 1980 | 1990 | 2000 | 2010 | 2012 |
|---|---|---|---|---|---|---|
| 남녀전체 | 61.9 | 65.7 | 71.3 | 76.0 | 80.8 | 81.4 |
| 남자(A) | 58.7 | 61.8 | 67.3 | 72.3 | 77.2 | 77.9 |
| 여자(B) | 65.6 | 70.0 | 75.5 | 79.6 | 84.1 | 84.6 |
| 차이(B-A) | 6.9 | 8.3 | 8.2 | 7.3 | 6.9 | 6.7 |

출처: 통계청(2013).

로 일찍이 고령화 사회에 들어갔고, 2010년 11%로 증가한 데 이어 2018년에 고령사회에 진입할 것으로 예상하였으나 실제로는 2017년도에 14.2%에 도달하여 고령사회에 진입하였다.[2]

◆ 한 · 중 · 일 인구고령화 수준 및 속도

|  | 고령화 수준(노인인구 비율) | | | | | 고령화 속도 (도달기간) |
|---|---|---|---|---|---|---|
|  | 7% (고령화 사회) | 14% (고령 사회) | 20% (초고령 사회) | 30% | 40% | 7→20% (7→14%, 14→20%) |
| 한국 | 2000년 | 2018년 | 2026년 | 2037년 (30.1%) | 2060년 (40.1%) | 26년 (18년, 8년) |
| 중국 | 2000년 | 2025년 | 2035년 | 2060년 (29.5%) | na | 35년 (25년, 10년) |
| 일본 | 1970년 | 1994년 | 2006년 | 2024년 (30.1%) | 2060년 (39.9%) | 36년 (24년, 12년) |

출처: 이삼식(2014).

한 · 중 · 일 세 나라가 빠른 속도로 인구고령화가 진행 중이다. 고령화 사회에서 고령사회로 진입하는 기간이 중국 25년, 일본 24년인 데 반해, 한국은 17년으로 상대적으로 빠르게 노령화되고 있음을 알 수 있다.

평균수명이 증가함에 따라 노년기가 연장되는 현상은 우리 모두에게 중요한 의미를 지닌다. 향후에는 노년기의 기준이 바뀔지도 모르지만, 현재로서는 평균적으로 60세 이후 약 20년 이상의 결코 짧지 않은 노년기를 보내야 한다. 이러한 노년기에 일어나는 다양한 변화에 지혜롭게 대처하고 행복한 노년기를 영위하기 위해서는 노년기의 심리사회적 특성과 적응에 방해가 되는 여러 가지 심리적 문제를 잘 이해하고 대비하는 일은 매우 중요하다. ◆

---

2 2017 통계청의 인구주택총조사 발표

# 2. 노년기의 변화

## 1) 왜 늙는 것인가

나이가 들어 노인이 되어가는 것을 원하는 사람이 있을까? 아마도 대부분의 사람은 노화를 원치 않을 것이다. 그러나 생명이 있는 존재라면 노화와 죽음을 피할 수 없다. 생물학적 정의로 노화aging란 신체와 생리적 기능이 절정의 순간을 거친 후 한동안 유지되다가 서서히 감퇴하는 과정을 의미한다. 흔히 일차 노화와 이차 노화로 구분하는데, 일차 노화primary aging는 머리카락이 하얗게 세고 시력과 청력이 약화되는 것과 같이 유전적으로 결정된 쇠퇴현상을 뜻하며, 이차 노화secondary aging는 어떤 질병이나 사회적 요인에 의해 노화가 촉진되거나 가속화되는 경우를 의미한다. 이러한 노화 과정으로 인해서 환경에 대한 적응력이 떨어지고 죽음의 가능성이 증가한다.

그렇다면 우리는 왜 젊음을 오래 유지하지 못하고 늙어 죽음을 맞이하는 것일까? 이러한 물음은 철학적이고 종교적인 물음일 뿐만 아니라 과학적인 물음이기도 하다. 최근 노화의 생물학적 원인과 기제에 대한 많은 연구가 진행되고 있다. 노화의 원인에 대해서 현재 모든 학자가 공감하는 확고한 이론은 없지만 노화의 생물학적 기제에 대해서 제기되고 있는 몇 가지 이론을 살펴보기로 한다.

### (1) 진화론

진화론적 관점에 따르면, 모든 생명체의 주된 기능은 자신이 지닌 유전적 정보를 보유하고 있는 자손을 낳아 기르는 일이다. 고전적 진화론에서는 오로지 자손 번식이 수명을 결정하는 유일한 요인으로 보았으나, 새로운 학설은 생식기능과 더불어 자손을 보살피고 먹여 살리는 중요한 임무를 수행하기 위해 수명이 연장된다고 주장하였다.

자손의 번식과 양육을 위해 생명체는 자신의 에너지를 소비한다. 이렇게 생식 연령이 지나고 자손을 돌보는 임무를 마친 개체는 제한된 자원을 지닌 환경에서 볼 때 오히려 자손의 활발한 기능을 저해하는 존재에 불과하다. 따라서 생식력이 가장 활발한 개체가 최선의 기능을 발휘하는 데 기여하기 위해 이들은 쇠퇴하여 사멸하는 것이다.

진화론적 관점에서 보면, 인간의 경우 생식력이 가장 왕성한 20대 전후가 가장 완성된 상태로서 이후 서서히 기능이 쇠퇴하여 자녀를 아동기 이상으로 양육하게 되는 30대 이후에는 사망률이 증가하게 된다. 즉, 노화를 종족 보전의 기능을 마친 개체가 서서히 쇠퇴해가는 과정으로 보았다.

### (2) 노화 예정설

노화 예정설은 세포 수준에서 노화를 설명하는 이론 중 하나인데, 우리의 노화과정이 유전인자에 의해서 이미 계획되고 입력되어 있다는 것이다. 노화나 수명은 세포분열 능력에 의해 결정되는데, 유기체의 유전자에는 특정한 시기에 도달하면 세포분열이 감소하도록 입력되어 있다고 제안하였다.

우리 몸에는 신경조직과 같이 일단 완성되면 일생 동안 세포분열을 거의 하지 않는 조직이 있는가 하면, 소화관이나 피부의 상피 또는 혈액세포처럼 일생 동안 세포분열을 계속함으로써 기능이 유지되는 조직이 있다. 후자의 경우 대체로 일생동안 가능한 세포분열의 횟수가 정해져 있기 때문에, 나이가 듦에 따라 어느 시점에서는 세포분열의 한계에 도달하고 세포증식이 감소되어 결국 기능이 정지된다는 것이다. 즉, 세포분열이 저하된 신체조직은 점차 기능이 떨어지고 노화가 진행된다고 설명하였다.

### (3) 손상설

이 이론은 내적 혹은 외적인 유해인자들이 세포나 조직을 손상시켜서 신체기능을 파괴하면 이를 수선할 수 있는 생물학적 체계에도 한계가 오기 때문에 손상이 체내에 축적되어 노화가 발생한다고 보는 입장이다. 마치 기계의 부품들을 오래 반복적으로 사용하면 결국 마모되어 수명이 다하듯, 인간의 신체기관도 마찬가지라는 것이다.

물론 기계와 달리, 유기체는 낡은 세포가 새로운 세포로 대치되고 신진대사가 회복되도록 하는 복구 기제를 지니고 있기 때문에, 유기체의 노화는 이러한 복구 기능이 서서히 저하되는 것을 의미한다. 이러한 복구 기능의 저하는 이를 담당하고 있는 DNA의 손상에 기인하는 것으로 알려졌다.

DNA 손상이 일어나는 원인에 대해서는 몇 가지 가설이 제기되고 있는데, 한 가지는 체세포 내의 돌연변이가 축적되어 DNA의 손상이 일어난다는 것이다. 즉, 나이가 들어감에 따라 체세포 내의 돌연변이로 인한 DNA 손상량이 증가되며, 손상량이 일정 수준을 넘어서게 되면 복구 기능이 회복불능이 된다고 보고 있다. 또 다른 가설로는 태양광선에 포함된 자외선이나 음식에 들어 있는 다양한 화학물질과 같은 외부적 원인에 의해 DNA 손상이 일어난다는 주장이 있다. 이 밖에도 활성산소에 의해 인체가 산화적 손상을 입게 되고 시간이 경과

함에 따라 항산화 기능이 떨어지면서 손상이 축적되고 노화가 일어난다는 주장도 있다.

이 밖에도 노화에 대해 여러 가지 주장이 제기되고 있지만 노화의 근본적인 원인이 밝혀지기까지는 좀 더 시간이 필요할 것 같다. 노화의 원인에 대해서는 학자들마다 의견이 완전히 일치하지는 않지만, 어쨌든 노년기에는 노화 과정으로 인해 여러 가지 변화가 일어난다. 노년기에 나타나는 변화를 신체적 · 심리적 · 사회적 측면으로 나누어 살펴보기로 한다.

## 2) 노년기의 신체적 변화

일반적으로 사람은 외모의 급격한 변화로 노화를 실감한다. 특히 다양한 신체 영역 중 자신이 중요하게 여기는 영역이 나이가 들어감에 따라 변화할 때 노화를 인식하고 인정하게 된다고 한다. 예를 들어, 스포츠나 여행을 좋아하는 활동적인 사람의 경우 이동성mobility의 감퇴가 다른 영역에서의 감퇴보다 노인이 되었다는 정체성의 변화를 더욱 크게 가져올 수 있다.

건강한 사람은 일반적으로 40대까지 체력의 변화를 크게 느끼지 못하다가, 50세 이후부터 체력과 건강 상태가 점진적으로 저하되어 노년기에는 이러한 현상이 가속화된다. 외형 상으로는 40대부터 키가 조금씩 줄어들기 시작해서 일생 동안 2~5cm 정도 줄어든다고 한다. 50세가 지나면 손발과 얼굴의 피하지방은 소실되고 복부와 둔부의 피하지방은 축적되어 몸이 둔해지고 근력은 저하된다. 70세 이후에는 하지 근육의 감소가 더 심각하게 일어나며, 골밀도와 골강도가 감소하여 골절 가능성도 높아진다. 또한 피부는 탄력성을 잃어 축 처지고 검버섯이라 불리는 색소침착이 유발된다.

이러한 외형적인 변화 외에도 일상생활의 적응을 어렵게 만드는 여러 가지 신체적 변화가 일어나는데, 크게 신체 기관의 퇴화, 감각기능의 감퇴, 반응 속도의 감소, 성기능의 변화 등으로 나누어 살펴보자.

### (1) 신체 기관의 퇴화

연령이 증가함에 따라 대부분의 신체기관이 퇴화하고 활동이 감소한다. 호흡기능이 감퇴하면 공기흡입량도 감소하여 호흡곤란 및 호흡기 질환 등이 나타날 가능성이 높아진다. 심혈관계 기능 역시 저하되는데, 55세 이후부터는 혈액순환이 현저하게 둔화하고 심장박동이 느려지며 혈관벽의 이상에 기인한 동맥경화증이 흔히 발생한다. 또한 60세 이후부터 소화기 계통에도 변화가 일어난다. 소화에 필요한 여러 가지 소화효

소와 위액 등의 분비가 감소하기 때문에 소화기능도 감퇴한
다. 더구나 미각의 퇴화와 치아의 약화는 노인의 영양섭취에
지장을 초래한다.

이처럼 신체기관의 기능은 전반적인 수준에서 노화가 일어
난다. 신체적으로 최전성기인 20세를 100%로 봤을 때 75~
80세 노인의 신체기능을 보면 뇌중량 85%, 폐활량 55%, 간중
량 63%, 간혈류량 50%, 신장의 크기 65%, 안정 시의 심박출
량 65%, 신경섬유의 전달속도 85%, 기초대사율 80%로 감소
하는 것으로 알려졌다.

호흡기와 순환기 기능의 약화는 심장과 근육조직에 제공되
는 산소 공급을 감소시키고 신진대사의 속도를 늦추기 때문에
열량의 소모는 감소한다. 그러나 단백질과 비타민 및 무기질
의 결핍은 자연적인 노화 과정을 촉진시키는 역할을 하기 때
문에 균형 있는 영양섭취는 건강한 신체 상태를 유지하는 데
필수적이다. 적절한 활동이나 운동도 능력 감퇴의 속도를 지
연시키는 역할을 한다.

### (2) 감각기능의 감퇴

연령이 증가함에 따라 감각기능에도 변화가 온다. 노화가
진행될수록 노인들은 시각, 청각, 미각, 후각 등의 감각기능
이 점차 둔감해지기 때문에 환경에서 적절한 정보를 인식하고

받아들이지 못하게 된다.

시각의 경우 40세 이후 수정체의 조절력이 급격히 감소하는 노안 현상으로 인해 시력이 급격히 감퇴하는 경향이 있다. 수정체 섬유가 딱딱해지면서 탄력을 잃어 초점 조절이 원활하게 이루어지지 않는 것이다. 60세가 되면 근거리 물체에 초점을 맞추는 능력은 거의 없어지고, 황색소가 축적되어 색깔 구분 능력 역시 떨어진다. 특히 암순응 능력이 감소하여 밤에 운전하는 일이 부쩍 어려워진다.

연령 증가와 더불어 청각도 감퇴한다. 노화에 따른 청각 감퇴는 음의 고저 변별에서 크게 나타난다. 약 25세부터 55세까지 점진적으로 감퇴하다가 55세 이후에 급격히 감퇴하며 특히 높은 주파수의 소리를 식별하지 못한다. 이러한 청각 감퇴는 와우각의 퇴화, 내이에서 대뇌피질에 이르는 모든 청각체계의 반응 감소, 그리고 중추신경계 자체의 자극에 대한 반응 감소에 의한 것으로 여겨지고 있다.

미각과 후각은 음식 섭취와 관련이 높기 때문에 중요한데, 대개 60세까지 큰 변화 없이 유지되다가 60세 이후에 급격히 감퇴한다고 한다. 미각의 경우 맛에 따른 개인차가 큰 편이며, 후각 역시 건강 상태에 따라 개인차가 있다고 한다.

촉각의 경우, 민감성이 50대 중반까지 일정하게 유지되다가 그 이후에 감퇴하며, 특히 팔보다는 다리의 민감성이 더 급격하게 감퇴한다고 한다.

### (3) 반응 속도의 감소

성인후기에 관찰되는 가장 두드러진 신체적 변화 중 하나가 반응 속도의 감소다. 행동 둔화behavioral slowness라고 불리는 반응 속도의 감소는 운동, 문제해결, 기억 및 정보처리 과정 등에서 나타난다. 복잡한 정신 과정을 요구하는 과제일수록 이러한 둔화 현상이 더욱 두드러지게 나타나는데, 19~26세경에 가장 높은 수행을 나타내다가 26세 이후 점차 감퇴하는 경향이 있다.

이처럼 반응 속도가 감퇴하는 원인은 신경전달물질의 감소로 인한 신호전달 속도의 감퇴를 첫째로 꼽을 수 있다. 또한 뇌의 신경세포가 감소할 뿐 아니라 대뇌의 효소 활동이 저하되고, 대뇌세포 내의 노폐물이 축적되어 대뇌의 기능이 현저하게 감퇴한다.

또한 노인의 낮은 동기 수준이 원인이 될 수 있다. 대체로 나이가 들면서 어떤 일에 대해 높은 기대와 의욕을 갖기보다는 다소 무기력하고 초연한 태도를 갖는 경향이 있다. 이것이 처리 속도에 영향을 미쳐서 전반적으로 느린 반응을 유도하는 것이다.

한편, 행동 둔화는 조심성의 산물일 수도 있다. 일반적으로 늘어갈수록 행동이 더욱 조심스러워지는데, 이는 속도보다 정확성을 중요시하기 때문일 수도 있고, 감각기관의 감퇴로 인한 신체적 · 심리적 기능의 쇠퇴 때문일 수도 있다.

### (4) 성기능의 변화

노년기에는 성적 행동과 욕구가 상당히 미미한 것으로 알려져 왔으나, 의외로 높은 비율의 노인들이 성생활을 지속하고 있음을 보고한 연구들에 의해 성과 노화에 대한 인식이 다소 변화하였다. 다만 연령이 높아짐에 따라 성적 욕구를 느끼거나 성교를 하는 횟수가 줄어드는 경향이 있음은 분명하며, 성기능과 관련된 뚜렷한 신체적 변화가 일어나는 것은 사실이다.

여성의 경우 폐경기와 함께 여성 호르몬이 감소하는 것은 사실이나 노년기에 성적 관심과 활동이 감소하는 데는 사별로 인한 성적 대상의 상실과 사회문화적 관습 및 태도가 더 큰 요인으로 작용한다는 주장이 있다. 남성 노인의 경우 발기에 걸리는 시간이 더 길어지는 경향이 있으며, 절정감을 느낄 때 수반되는 근육 수축의 강도가 떨어지고, 사정되는 정액의 양도 현저히 감소한다. 다만 남성 노인의 성적 행동에 관한 연구들 역시 대부분 다른 신체적 질환을 동반한 노인들이 상당수 포함되어 있기 때문에 노화가 성기능 감퇴에 미치는 직접적인 영향을 판단하기가 쉽지 않다.

연령 증가에 따른 신체적 변화는 모든 사람에게 동일한 방식으로 동일한 시점에서 일어나는 것이 아니라 개인차가 심한 편이다. 노화로 인한 신체적 기능의 변화에는 몇 가지 일반적인 특징이 있다. 첫째, 노화로 인한 신체적 변화는 대부분 유기체에 유해하여 신체의 기관과 기능이 쇠퇴하는 방향으로 나타난다. 둘째, 이러한 신체적 쇠퇴는 모든 신체기관에서 전반적으로 일어난다. 특정한 질병에 의한 경우가 아닌 한, 노화에 의한 신체적 변화는 거의 대부분의 기관에서 나타난다. 셋째, 신체적 쇠퇴는 점진적으로 그리고 악화되는 방향으로 진행된다. 마지막으로, 노화로 인한 신체적 쇠퇴는 비가역적이기 때문에 속도를 늦출 수는 있어도 완전히 복구되는 것은 불가능하다.

## 3) 노년기의 심리적 변화

노년기에는 신체적 변화와 더불어 심리적 기능과 상태에도 여러 가지 변화가 일어난다. 신체적 변화는 대부분의 기능이 쇠퇴하는 부정적 변화가 주를 이루었지만, 심리적 변화는 나이가 듦에 따라 더욱 성숙하고 발달하는 특성이 포함된다.

## (1) 지적 능력의 변화

지적 능력은 연령 증가에 따라 변화하는데, 지적 능력의 감퇴는 20대부터 시작되어 60대가 되면 가속화된다. 일반적으로 노년기에는 지능, 주의력, 기억력, 정보처리 속도, 추상적 사고능력 등이 급속히 저하되는 것으로 알려져 있다.

다만 지능은 여러 가지 하위요소로 구성되어 있어서 연령에 따른 변화를 간단히 말하기 어렵다. 지적 능력은 연령 증가와 함께 뚜렷하게 감퇴하는 능력과 비교적 변화가 적은 능력이 있다. 대체로 속도를 요구하는 과제나 시공간적 능력을 요하는 과제 등의 수행능력은 연령 증가와 함께 감퇴한다. 예를 들어, 지능검사에서 속도를 요구하는 모양맞추기나 토막짜기 검사에서 측정하는 동작성 지능은 연령 증가에 따라 감퇴한다. 반면에 어휘력, 일반상식, 이해능력 등은 연령 변화의 영향을 비교적 적게 받는다. 즉, 언어성 지능은 연령이 증가해도 비교적 안정되어 있거나 더욱 발달할 수도 있다.

카텔Cattell은 지능을 유동적 지능과 결정적 지능으로 나누어 연령에 따른 변화를 설명하였다. 유동적 지능fluid intelligence은 다양한 자료들의 관계를 새롭게 파악하고 일반적 원리를 발견하는 지적 능력으로서 유전적 요인의 영향을 많이 받는 반면, 결정적 지능crystallized intelligence은 축적된 지식을 포함하여 판단 및 문제해결에 관여하는 지적 능력으로서 개인의 경험과 지식의 축적에 기반을 둔다. 유동적 지능은 성인초기부터 지속적으로 감소하는 경향이 있으나, 결정적 지능은 노화의 영향을 덜 받거나 오히려 증가하기도 한다.

노년기에 기억력이 감퇴한다는 것은 널리 인정되는 사실이다. 특히 단기기억 능력이 현저하게 감소하여, 새로운 것에 대한 기억과 학습이 상당히 곤란해진다. 노인들은 사망에 가까워지면 인지기능의 감퇴가 급격하게 나타나는 경향이 있다. 사망하기 약 5년 전부터 지적 능력의 감퇴가 현저하게 나타난다. 노인들의 지적 변화를 10여 년간 추적한 한 연구에 의하면, 인지기능 점수가 급격하게 감소한 노인 집단이 감소가 전혀 없거나 적은 노인 집단에 비해 더 빨리 사망했다고 한다.

### (2) 성격적 변화

노년기의 성격적 변화에 대해서는 논란이 많다. 인생 초기에 형성된 성격은 중년기까지 큰 변화 없이 유지되다가, 성인 후기에 이르면 변화된다는 주장이 우세하다. 노년기의 성격적 변화는 양 극단으로 나아갈 수 있는데, 감정의 동요나 긴장의 완화로 더욱 여유롭고 조화로워지는 성숙형이 있는 반면, 더욱 편협하고 완고해지며 의심이 많아지는 미숙형도 있다.

노년기에는 신체적 약화, 문제해결 능력의 감퇴, 직업의 상실 등으로 인해 생산성과 활동성이 감소하여, 다음과 같은 성격적 변화가 일어날 수 있다.

첫째, 내향성이 증가한다. 사회활동의 감소에 기인한 사회로부터의 위축은 내면적 활동에 몰두하도록 하여 내향성이 증가하게 된다. 주위 환경과의 관계에서 적극적이던 자세가 소극적인 대처방식으로 전환되고, 외부지향적인 태도에서 내부지향적인 태도로 변하게 된다.

둘째, 경직성이 증가한다. 환경의 새로운 변화를 수용하지 못하고 자신의 사고방식과 태도를 고집하는 경향이 증가한다. 이러한 경향은 새로운 변화에 대한 이질감과 더불어 새로운 적응의 심리적 부담을 덜기 위한 방어적 태도일 수 있다.

셋째, 조심성이 증가한다. 시각, 청각 등의 감각기관의 퇴화와 함께 일상생활에서 여러 가지 실수와 좌절을 경험한 노인들은 행동이 조심스러워진다. 이러한 노인들은 신속성보다는 정확성을 중요시하게 되며, 따라서 느리더라도 실수하지 않으려는 조심스러움이 증가하게 된다.

넷째, 의존성이 증가한다. 노년기는 제2의 유년기라고 할만큼 자기중심성과 타인에 대한 의존성이 증가한다. 노인들은 가족구성원 간의 감정적 유대관계를 중요시할 뿐만 아니라 의지할 수 있는 사람을 찾으며, 연령이 증가할수록 물질적인 도움뿐만 아니라 심리적으로 의존할 수 있는 대상을 필요로 한다. 애정의 대상을 상실하거나 의존적 욕구가 충족되지 않을 때 더욱 예민해지고 자존심이 상하는 경향이 있다.

다섯째, 우울장애 경향이 증가한다는 주장이 있다. 노년기에는 신체적 능력의 쇠퇴, 경제 문제, 배우자 사망, 가족이나 사회로부터의 소외로 인해 느끼는 외로움 또는 지나간 날들에 대한 후회와 죄책감 때문에 우울 경향이 현저하게 증가한다. 아울러 노년기에는 과거를 돌아보는 과정에서 과거 경험들이 의식되면서 미해결된 갈등이 되살아나 자책감과 죄책감 등의 정서적 문제가 야기될 수도 있다.

마지막으로, 양성화가 이루어진다. 즉, 남성은 젊은 시절에 억압해왔던 내면의 여성성을 이끌어내어 나이가 들수록 순종적이고 감수성이 증가하며 부드러워지는 반면, 여성은 젊은 시절보다 자기주장이 강해지고 독립적이며 공격성이 증가하는 양성화 현상이 나타난다.

### (3) 지혜의 발달

많은 인지기능 및 지적 능력들이 노화가 진행됨에 따라 감퇴하지만, 지혜라는 강점은 인생의 경험과 연륜이 축적될수록 깊어지고 발달하는 특성을 지닌다. 학자들에 따라 지혜를 성격적 요인으로 보기도 하고, 인지적 요인으로 보기도 하는데, 최근에는 이 2가지 요인이 통합된 긍정적 성품으로 정의

한다.

지혜는 지능과는 다른 개념으로, 삶의 양면을 이해하고 모순을 수용하며 타협할 줄 아는 능력을 말한다. 지적인 능력이 뛰어난 사람은 일을 어떻게 해야 하는지에 대해 안다면, 지혜로운 사람은 그 일을 왜 해야 하는지에 대한 의문을 던지고 스스로 답을 찾는다. 이수림과 조성호(2007)는 노년에 이르러 사람들이 더 참을성이 있고, 타인의 정서를 더 잘 수용하게 되며, 삶의 지혜가 점차 늘어나는 등의 발달이 존재한다고 노화의 긍정적 변화를 강조하였다. 이와 더불어 한국 노인의 지혜를 구성하는 요소 중에는 역경을 극복한 인생의 경험이 포함되기도 한다(성기월, 이신영, 박종한, 2010).

지혜로운 노인은 나이가 들어감에 따라 겪게 되는 손실과 어려운 상황에서도 평온함을 유지한 채 직면할 수 있고 객관적인 환경에 크게 영향을 받지 않기 때문에 삶에 대한 만족감이 더 높은 편이다.

## 4) 노년기의 사회적 변화

노년기에는 60세를 전후하여 직업에서 은퇴하게 됨에 따라 사회적 지위에 커다란 변화를 겪게 된다. 또한 자녀의 결혼을 통해 조부모의 역할과 집안에서 큰 어른의 역할을 맡게 된다.

## (1) 직업의 은퇴

직종에 따라 은퇴 연령이 다르지만 대체로 정년퇴직은 55~ 60세 전후에 이루어지며, 기업들 중에는 55세 이하인 경우도 60% 이상 된다고 한다. 은퇴 연령이 점점 아래로 내려오고 평균 연령이 증가할수록 은퇴에 대한 의미부여와 은퇴 이후 노년의 삶에 대비하는 일은 상당히 중요하다.

은퇴는 특정한 시점에서 일어나는 하나의 사건이지만, 그 영향은 은퇴 연령에 가까워지는 수년 전의 시기에서부터 은퇴후 오랜 기간에 걸쳐 서서히 점진적으로 나타난다. 이런 점에서 은퇴는 인생의 한 과정이라고 할 수 있으며, 특히 성인후기에 중대한 영향을 미치는 사건이다.

근로지향적인 현대사회에서 일과 직업 활동을 중단한다는 것은 개인에게 있어서 전환기적 사건이라고 할 수 있다. 직장에서의 은퇴는 사회적 지위와 재정 상황에 급격한 변화를 초래하여 사회적 고립과 이탈 상태 그리고 경제적 궁핍을 가져올 뿐만 아니라 자아정체감에도 변화를 주게 된다. 개인의 능력, 기술, 생산성을 중요시하는 현대 산업 사회에서 노인은 무능력하고 무가치한 존재로 인식되는 경향이 있다. 은퇴로 인한 변화와 상실을 건강하게 받아들이지 못한다면 에릭슨이 말하는 '자아통합 대 절망'의 발달과제를 해결하는 데 실패할 수있다.

은퇴 이후의 적응은 은퇴에 대한 스스로의 인식에 의해 크게 달라질 수 있다. 은퇴를 위기로 인식하는 사람들에게는 사회적 지위와 관계의 상실, 경제적 무능력, 비생산성과 같은 부정적 요인이 부각될 것이다. 특히 일과 사회적 지위가 정체감 형성에 핵심을 이루고 있던 사람에게 은퇴는 상당히 큰 절망감을 가져다줄 것이다. 그러나 은퇴를 인생의 한 과정이자 새로운 삶의 단계로 전환하는 기회로 여긴다면 희망과 홀가분함을 가져다줄 것이다. 직장의 굴레에서 벗어나 자유롭게 진정 의미 있는 활동과 여가를 즐김으로써 만족스러운 삶을 영위할 수 있다.

### (2) 조부모 역할

노년기에는 성인이 된 자녀의 결혼과 출산으로 인해 손자녀의 조부모로서 새로운 역할을 맡게 된다. 특히 맞벌이 부부가 늘어나는 현대에 조부모의 역할은 매우 중요하다. 자녀들이 나이 드신 부모에게 손자녀 양육의 일부를 혹은 전적으로 맡기는 경우가 늘어나고 있다.

손자녀 양육의 형태는 다양한데, 직접적인 책임이 없기 때문에 자신의 자녀를 양육할 때보다 관대한 태도를 보이게 되는 조부모가 있는가 하면, 자신의 양육방식이 자녀의 마음에 들지 않아 원망을 살까 부담을 느끼며 대리부모의 역할을 하는 조부모도 있다.

조부모의 역할이 마땅히 기쁘고 보람된 일이어야 하겠지만, 현실적인 상황과 여건에 따라 달라질 수 있다. 자신의 배우자가 건강하지 못해 수발을 들어야 하는 경우, 혹은 재정적으로 상당히 빈곤하여 손자녀들에게 마음껏 베풀지 못하는 경우, 가족 간 갈등의 골이 깊어 부모와 자녀 간에 왕래가 불편한 경우라면 조부모의 역할을 제대로 해내기가 어렵다.

노인들이 손자녀들과 어떤 관계에 있든 그들은 이들과의 접촉을 통하여 세대의 변화를 인식하고 문화유산의 전승을 확인할 수 있다. 또한 자신의 죽음 이후에도 계속될 개인과 가문의 연속성을 확신할 수 있기 때문에 안심하고 인생의 마감을 준비할 수 있다.

### (3) 배우자와의 사별

부부가 동일한 시기에 인생을 끝마치는 것은 인간의 힘으로 조정할 수 없는 것이기 때문에 노후에 배우자와 사별하는 것은 결혼생활의 불가피한 결과다. 2006년 고령화연구패널조사의 분석 결과에 따르면, 65세 이상 남성 노인은 9% 정도가 사별한 상태인 반면, 여성 노인은 55% 이상이 사별로 인해 혼자된 것으로 나타났다(이민아, 2009). 따라서 노년기의 배우자 사망은 특히 여성 노인에게 더 많은 영향을 미치는 사건일지

2. 노년기의 변화 ✵ **39**

모른다.

　배우자 상실은 인간이 겪을 수 있는 가장 심각한 스트레스 사건 중 하나다. 아무리 오랜 기간 투병생활을 하다 사망한 경우라도 배우자의 사망은 남아있는 사람에게 극심한 고통과 충격을 준다. 개인마다 사별에 대한 반응이 다르게 나타나지만, 일반적인 증상으로 슬픔과 우울, 죄책감 등의 부적 정서와 불면증, 식욕상실, 체중감소와 같은 부적응적 증상을 보인다. 사회적으로도 위축되고 개인적 활동에 대한 관심을 잃는 경우도 있다. 그러나 많은 사람이 시간이 경과함에 따라 일반적인 증상은 감소하고 배우자가 없는 새로운 환경에 적응하기 시작한다. 나아가 배우자 상실과 그로 인해 겪은 여러 가지 고통과 변화를 계기로 삶을 되돌아보고 이전보다 더욱 성숙한 삶을 가꿔나가기도 한다(임선영, 2013). ◈

# 3. 노년기의 적응

## 1) 노년기의 적응 과제

노년기는 앞서 살펴본 다양한 변화를 겪게 되는 인생의 새로운 발달단계다. 따라서 새로운 변화에 적응하는 과정에서 몇 가지 과제를 만나게 되는데, 이러한 변화를 얼마나 유연하게 받아들이고 지혜롭게 대처하느냐에 따라 노년기 삶의 질을 결정하게 된다.

에릭슨Erikson은 노년기의 발달 과제를 '자아통합 대 절망 ego-integration vs. despair'으로 보았다. 자아통합은 자신이 살아온 인생을 긍정적으로 수용하고 커다란 회한과 공포 없이 죽음을 받아들이게 되는 심리적 상태를 의미한다. 이러한 자아통합의 상태는 수많은 인생 체험을 통합적으로 정리하여 나름대로의 긍정적 의미를 발견하고 일생 동안 경험한 갈등과 좌절까지도 자기 삶의 일부로 수용할 수 있어야 가능하다. 결과적으로 이들은 인생을 의미 있고 행복한 것으로 평가하며, 지나간 모든 일을 편안하게 받아들임으로써 만족스러운 노후를 맞게 된다.

이와 반대로 지나온 자신의 삶에 대해서 후회하고 상실한 기억에 몰두하여 절망하는 노인들도 있다. 이러한 노인들은 자신의 인생은 실패작이고 회복하기에는 이미 너무 늦었다고 한탄한다. 이들은 다가올 죽음을 수용하는 것을 어려워하고 자신을 자책하고 타인을 원망하면서 불행한 노후를 맞게 된다.

대부분의 노인은 자아통합과 절망이라는 양극단 사이의 어느 한 위치에 해당된다. 즉, 자아통합 대 절망은 연속선상에서 이해될 수 있는 노년기 적응 상태를 의미한다. 에릭슨은 이처럼 인생을 마무리하는 노년기에 자아통합을 성취하는 것이 매우 중요한 적응 과제라고 주장한다.

펙Peck은 에릭슨의 노년기 발달과제를 좀 더 세분화하여 노년기에 건강하게 적응하기 위해 해결해야 하는 3가지 과제를 제시하였다. 그는 첫 번째 과제를 자아분화 대 직업역할 몰두라고 하였다. 은퇴 이후에는 직업역할에서 벗어나 자신의 인간적인 다양한 특성을 발견하고 계발함으로써 노년기에도 활력과 자신감을 유지하며 살아갈 수 있게 된다. 두 번째 과제는 신체초월 대 신체몰두로서, 노화로 인한 신체적 쇠퇴에 실망하고 걱정하기보다는 주변 사람들과의 관계를 중시하고 몰두

**노년기의 적응 과제**

### 신체 영역
- 약화되는 체력과 건강에 적응하기
- 감퇴하는 감각기능(시력, 청력 등)에 적응하기
- 증가하는 신체적 질병에 적응하기
- 그 밖의 신체적 변화(운동 기능의 둔화, 수면 패턴 변화, 성 기능 변화 등)에 적응하기

### 심리 영역
- 감퇴하는 인지기능(기억력, 신속한 판단 및 과제수행 능력의 저하 등)에 적응하기
- 급격히 증가하는 새로운 지식과 정보에 적응하기
- 노년기 적응에 필요한 여러 가지 지식과 활동을 익히기
- 은퇴로 인한 심리적 충격(무능감, 무가치감 등)에 적응하기
- 배우자 사망과 이후의 생활에 적응하기
- 동료 또는 자신의 죽음에 대해 심리적으로 준비하기
- 노화로 인한 필연적인 변화들을 심리적으로 수용하기

### 사회 영역
- 가정과 직장에서 업무와 역할을 후속 세대에게 효과적으로 물려주기
- 적절한 사회적 관계를 형성하고 유지하기
- 가정이나 사회에서 어른 역할을 하기
- 자녀 또는 손자녀와 원만한 관계 유지하기
- 자녀나 사회기관에게 공정하게 유산을 물려주기

할 수 있는 다른 활동을 찾아 시간을 할애해야만 노년기에 성공적으로 적응할 수 있게 된다. 세 번째 과제는 자아초월 대 자아몰두다. 노인들은 다가올 죽음을 받아들이지 못해 자기 자신에게 몰두해 있는 경향이 있다. 자아를 초월할 수 있는 방법은 다른 사람의 행복과 안녕에 기여하는 것이다. 죽음으로 인해 자신의 존재가 단절되는 것이 아니라 지속될 수 있음을 깨닫고 죽음을 편안하게 받아들일 수 있게 된다.

이상에서 소개한 노년기의 적응 과제들을 지혜롭게 해결하고 자아통합을 위해 노력한다면 성공적인 노년기를 영위할 수 있을 것이다. 노년기 생활에 얼마나 성공적으로 적응했는가를 구체적인 생활 속에서 평가해볼 수 있다. 윤진(1995)에 의해 개발된 '노인생활 적응척도'를 통해 노년기의 적응 상태를 점검해보기 바란다.

 **노인생활 적응척도**

요사이 느끼고 경험하는 것들에 대해서 몇 가지 질문을 하려고 합니다. 다음 질문을 읽고 본인에게 해당하면 '예'에, 행당되지 않으면 '아니요'에 V표를 해주십시오.

l. 지난 몇 달간 귀하는 어떻게 느껴왔습니까?

1. 나는 요즘 하늘을 날 것처럼 기분이 좋다.　　예　아니요
2. 나는 일상생활에서 매우 원기가 왕성하다.　　예　아니유

3. 내가 살아온 인생을 회고해보건대, 일반적으로 만족하고 있다.     예   아니요

4. 내 일생에서 지금이 가장 행복한 시절이다.     예   아니요

5. 나는 따분하고 지루하게 느끼고 있다.     예   아니요

6. 나는 다른 사람으로부터 멀리 떨어져 있다는 거리감과 외로움을 느낀다.     예   아니요

7. 나는 우울하고 매우 기분이 언짢다.     예   아니요

8. 일생을 거의 살고 나서 생각해보니 나의 인생 행로가 이렇게 된 데 대하여 가슴 아프게 느끼고 있다.     예   아니요

## II. 다음 질문들은 보다 일반적인 생활의 경험에 대한 것들입니다.

9. 나는 나이 든 지금도 젊은 시절과 마찬가지로 행복하다.     예   아니요

10. 내가 하고 있는 일들은 옛날과 마찬가지로 지금도 흥미롭고 재미있다.     예   아니요

11. 지나온 평생을 회고해볼 때 나의 일생은 상당히 성공적이었다.     예   아니요

12. 현재 나의 건강 상태는 내 나이 또래의 다른 사람과 비슷하거나 더 좋다.     예   아니요

13. 내가 하고 있는 일들은 그 어느 때보다도 지금 더욱 흥미가 있다.     예   아니요

14. 나는 지금도 바쁘고 가치 있는 생활을 하고 있다.     예   아니요

15. 금년 들어 여러 가지 자질구레한 일들이 나를 더욱 괴롭힌다.     예   아니요

16. 나의 일생은 현재보다 더 행복할 수도 있었
    는데 불행히도 그렇게 되지 못했다.            예    아니요
17. 나는 조그마한 일이 생겨도 쉽게 화가 난다.
18. 나에게는 슬퍼할 일이 많이 있다.            예    아니요
19. 다른 사람에 비해서 나는 자주 우울감에 빠진다.   예    아니요
20. 여러 가지 근심 걱정이 많아서 가끔 잠을 이
    룰 수가 없다.                          예    아니요

---

**채점 및 해석**

1~4번과 9~14번 문항에서 '예'라고 응답한 문항수와 5~8번과
15~20번 문항에서 '아니요'라고 응답한 문항수를 합하면 총점이 된
다. 총점의 범위는 0~20점 사이이다.

0~4점    적응에 상당히 어려움이 많다. 전문가와 상의가 필요하다.
5~9점    적응에 다소 어려움이 있는 것 같다. 생활 개선을 위한 노력
         이 필요하다.
10~15점  큰 문제 없이 대체로 잘 적응하고 있다.
15~20점  상당히 만족하며 잘 적응하고 있다.

출처 : 윤진(1995).

## 2) 노년기의 적응 유형

노년기의 여러 가지 변화와 과제에 적응하는 방식은 개인
마다 다르기 때문에 이를 몇 가지 유형으로 나눌 수 있다. 뉴
가튼Neugarten은 노년기의 삶에 적응하는 방식을 4가지 유형으

로 구분하였다. 인생을 긍정적으로 수용하면서 노년기의 삶을 나름대로 적절하게 조절하며 만족스럽게 살아가는 통합형, 노화에 대해 두려워하며 활동에 지나치게 집착하거나 사회적 접촉을 끊고 폐쇄적으로 살아가는 무장방어형, 자녀나 친척에게 의존하여 무기력하고 수동적인 태도로 살아가는 수동의 존형, 감정조절의 어려움과 인지기능의 퇴화로 인해 여러 가지 갈등을 초래하는 해체형이 이에 해당된다.

쉐넌Shannon은 요인분석이라는 통계적 방법을 통해 성격 유형을 분류하였는데, 유형의 개수나 특성이 뉴가튼의 분류와 상당히 유사한 것으로 나타났다. 적극적 통합형은 뉴가튼이 제시한 통합형과 유사한 성격 유형으로 간주된다. 자신에 대해 긍정적 이미지를 갖고 있고 타인을 소중히 여길 줄 아는 성숙한 유형으로 노인의 40% 정도가 이 유형에 해당된다고 한다. 의존적 수동형은 어려운 적응과제에 부딪혔을 때 극복하려 노력하기보다는 회피하며, 자신감이 없고 현재만을 생각하여 가능한 한 많은 시간을 가족과 보내려 하는 사람이다. 실패과장형은 성격이 급하고 화를 잘 내며 친구를 쉽게 사귀지 못해 외로운 삶을 살아가는 유형이며, 자기 부정형은 자기주장이 약하고 복종적이며 소극적인 태도로 일관하는 성격 유형을 의미한다.

리처드Richard는 노인들이 변화하는 삶에 적응하는 방식을 다음의 5가지 유형으로 분류하였다.

### (1) 성숙형

특이한 증세나 갈등 없이 노화에 따른 변화를 수용하고, 삶에 대해 높은 만족을 느끼며, 노년기를 활동적으로 살아가는 노인들이 있다. 이들은 은퇴 이후에 제2의 인생을 시작하듯 새로운 활동과 관계를 만들어나간다. 보통 지역사회나 종교단체 등의 사회활동에 열성적으로 참여하며, 건강관리를 비롯한 자기관리에 소홀함이 없다. 이렇게 능동적으로 자신의 노년기 삶을 풍요롭게 가꾸어나가려 노력하는 적응 형태를 성숙형the matured이라고 하며, 리처드는 이 유형을 가장 유연하고 성숙한 노년기의 적응 형태로 보았다.

### (2) 은둔형

무거운 사회적 책임을 내려놓고 홀가분한 마음으로 자기 자신의 내면적 삶에 집중하며 조용한 삶을 살아가는 노인들이 있다. 이들은 노년기를 맞으면서 자신의 사회적 역할을 후속 세대에게 흔쾌히 물려주고, 자유로운 상태를 즐긴다. 보통 은퇴 후에 취미생활이나 전원생활, 종교생활 등을 유지하면서 자신의 삶에 만족하며 살아간다. 이러한 노년기의 적응 형태를 은둔형이라고 하며, 흔들의자에 앉아 유유자적하는 모습에 비유하여 흔들의자형the rocking-chair man이라고 부르기도 한다. 이 유형은 성공적인 노화에 대한 사회적 유리설, 즉 노년기에는 자신의 사회적 역할을 서서히 축소시키면서 개인적 생활을 향유하는 것이 좋다는 이론과 일치하는 적응 유형이라 할 수 있다.

### (3) 무장형

노인이 되어 초라하고 볼품없는 존재로 전락할지 모른다는 불안감으로 인해 사회적 활동에 더욱 집착하고 젊음을 유지하기 위해 고군분투하는 노인들이 있다. 이들은 직장에서 정년퇴직을 하더라도 다른 직장에 취업을 하거나 사업을 시작하는 등 오히려 더욱 활발한 사회적 활동을 지속해나간다. 이러한 형태의 적응 유형을 무장형the armored이라고 하는데, 건강에 대한 지나친 염려와 과도한 집착 등으로 인해 대체로 삶의 만족도가 별로 높지 않다.

### (4) 분노형

자신의 인생이 실패라고 생각하고 그 원인과 책임을 타인과 시대에 돌리며 불평과 원망을 많이 하는 노인들을 분노형the angry man이라고 한다. 우리나라 노인의 경우, 흔히 일제시대, 6·25전쟁, 군사정부 등 시대적 여건 탓으로 돌리거나, 경

제적으로 궁핍하여 자신을 제대로 돌봐주지 않은 부모나 친척
들을 원망하기도 한다. 이 유형에 해당하는 노인들은 공격적
인 태도로 인해 주변 사람들과 갈등을 초래하는 경우가 많으
며 삶의 만족도가 매우 낮다. 특히 자녀와의 갈등으로 인해 노
년기에 경제적 지원과 보살핌을 받기가 더욱 어려워지는 악순
환을 되풀이하기도 한다.

### (5) 자학형

분노형과 마찬가지로 자신을 인생의 실패자라 생각하지만,
그 원인을 타인이 아닌 자기 자신에게 돌려 자책하고 자기비
하에 빠져 우울한 노년기를 보내는 노인들이 있다. 이러한 노
년기 적응 형태를 자학형the self-hater이라고 한다. 이 유형에 해
당하는 노인들은 삶의 만족도가 매우 낮을 뿐 아니라 우울장
애와 같은 정신건강 문제를 지닐 수 있으며, 자살을 시도하는
경우도 있다. 분노형과 자학형은 에릭슨이 이야기한 자아통합
을 이루지 못하고 절망에 빠진 노인의 적응 상태에 해당한다
고 볼 수 있다.

## 3) 노년기의 적응을 위협하는 정신장애

노년기의 적응을 방해하는 위험 요인들은 다양하다. 육체

적 질병, 경제적 궁핍, 가정불화 및 해체 등이 편안하고 행복한 노년기를 방해하는 주요한 요인이 된다. 그러나 이보다 더 노년기를 불행하게 만들고 심지어 비참하게 만드는 무서운 장애물이 있다. 그것은 노년기에 찾아드는 정신장애다. 이러한 정신장애는 어떤 방해요인보다도 노년기의 품위 있는 삶을 훼손하게 된다.

노년기에는 성인기에 나타날 수 있는 거의 모든 정신장애가 나타날 수 있다. 우울장애와 불안장애를 위시해서 각종 신체 증상 및 관련장애, 조현병 스펙트럼 장애, 성기능부전, 알코올이나 약물중독, 수면-각성 장애 등이 그러한 예다. 이러한 정신장애는 대부분 젊은 시절에 시작되었던 것이 그대로 계속되거나 혹은 재발되어 나타나는 경우가 많다.

한편, 노년기에 주로 시작되는 정신장애도 있는데, 가장 대표적인 것이 치매로, 2013년에 출간된 『정신장애의 진단 및 통계 편람-제5판DSM-5』에서 정신장애의 진단체계가 개정되면서 신경인지장애로 이름이 바뀌었다. 치매는 여러 가지 원인에 의해 뇌기능이 손상되어 나타나는 정신장애로서, 말기에는 거의 모든 정신적 기능이 손상되어 인격의 황폐화가 일어나는 무서운 장애다. 이는 노년기의 삶을 비참하게 전락시킬 뿐만 아니라 간병을 해야 하는 가족에게도 심각한 고통을 안겨준다.

우울장애도 노년기에 매우 흔하게 나타나는 정신장애다. 노년기에는 일반적인 적응력의 감퇴와 더불어 여러 가지 심리사회적 상실을 경험하게 된다. 직장으로부터의 은퇴, 사회적 지위와 권력의 상실, 경제적 능력의 상실, 배우자나 친구의 사망, 육체적 쇠약과 질병 등과 같은 상실 경험은 노인에게 우울장애를 초래할 수 있다.

이 밖에도 노년기에는 다양한 신경증적 장애가 나타날 수 있다. 노년기에는 신체적 쇠약과 더불어 신체적 질병에 대한 관심과 걱정이 증가하며, 이러한 성향이 지나치면 질병불안장애나 신체증상장애로 이어질 수 있다. 기억력의 쇠퇴로 인해 의심이나 확인행동이 늘어나 생활하는 데 큰 불편을 겪기도 하고, 대처 능력의 저하로 여러 가지 불안장애를 경험할 수 있다. 또한 무료한 생활과 심리적 스트레스를 해소하기 위한 습관적인 음주는 알코올 중독으로 발전하기도 한다. ◆

# 치매, 노년기 신경인지장애

**2**

# 1. 치매란 무엇인가

자녀를 위해 온갖 고생을 감내하며 자녀 뒷바라지에 헌신적이던 어머니, 자신을 내세우지 않고 자녀의 속뜻을 깊이 헤아리시던 지혜로운 어머니. 그런 어머니가 고령에 접어들면서 변하기 시작한다. 음식을 태우고 그릇을 깨고 엉뚱한 말을 하기 시작한다. 가족들을 의심하고 차마 입에 담지 못할 쌍욕을 해대며 화를 내기도 한다. 예뻐하던 손자들을 기억하지 못하고, 때로는 말도 없이 집 밖으로 나가 온 동네를 헤매고 다니시어 가족들 간담을 서늘하게 만든다. 그토록 단정하고 깔끔하시던 분이 대소변을 가리지 못한다.

가족들도 어머니의 변한 모습을 받아들이기가 어렵다. 어머니는 이제 한시도 눈을 뗄 수 없을 정도로 여러 가지 문제를 일으키며 가족들을 괴롭힌다. 어머니를 간병하는 것이 고통스럽고, 이로 인한 가족 간의 갈등도 커져만 간다. 마침

내 집에서 간병하는 데 한계를 느낀 가족들은 어머니를 노
인병원에 입원시키는 것을 고려하게 된다. 하지만 자식들에
게 그토록 헌신적이셨던 어머니를 병원에 입원시키는 일이
마치 어머니를 버리는 것만 같아 괴롭다.

이러한 모습은 치매에 걸린 노인과 그 자녀들이 경험하게
되는 전형적인 모습이다. 치매는 이렇게 인생의 황혼기에 찾
아들어 환자 개인뿐만 아니라 가족 모두를 고통 속에 몰아넣
는 질병이다.

## 1) 치매의 정의

치매癡呆는, 어리석을 치癡와 어리석을 매呆로 이루어져 있
듯이, 어리석은 바보나 멍청이가 되는 질병을 의미한다. 치매
를 뜻하는 영어인 dementia 역시 de와 mentia의 합성어로
'바보가 되는 병'이란 뜻을 지니고 있다. 과거에 '노망' 또는
'망녕'이라는 용어로 불리기도 했던 치매는 현대사회에 들어
서 수명의 연장과 노인 인구의 증가와 더불어 사회적 문제로
크게 주목받고 있다.

치매는 정상적으로 생활하던 사람이 점차적으로 지적기능
이 현저하게 손상되어 일상적인 생활의 적응에 심각한 문제를

초래하는 정신장애다. 주로 기억 및 학습 능력, 언어 능력, 실행기능, 지각-운동 능력, 주의력, 사회 인지와 같은 인지 영역에서의 감퇴가 두드러진다. 정서 조절 면에서도 손상이 나타나 부적절하고 충동적인 행동을 하게 될 뿐만 아니라 신체운동기능에 결함이 나타나 일상적인 활동은 물론 가장 기본적인 자기 관리마저도 불가능해진다. 때로는 환각이나 망상과 같은 정신병적 증상이 나타나기도 한다. 이러한 증상들로 인해 말기에는 거의 모든 심리적 기능이 와해되고 인격의 황폐화가 나타나 비참한 상태로 전락하게 된다.

이러한 치매는 흔히 노년기에 찾아드는데, 원인에 따라 차이가 있지만 대체로 인생의 후반기에 발병하며, 85세 이상에서는 유병률이 급격하게 증가한다. 이런 점에서 치매는 주요한 노년기 정신장애로 간주되고 있다.

치매는 기본적으로 중추신경계통의 손상, 즉 뇌세포의 손상에서 비롯된다. 그러나 뇌세포의 손상이 일어나는 원인은 다양하며 또한 치매의 증상과 발병 과정도 다양하다. 따라서 원인과 증상에 따라 몇 가지 유형으로 나누어지는데, 가장 대표적인 것이 알츠하이머형 치매다. 알츠하이머형 치매는 뇌세포의 점진적 파괴로 인해 치매 증상이 서서히 진행하여 악화되는 경과를 밟는 특징이 있다. 초기에 건망증을 비롯한 기억력 저하가 흔히 나타나고 이후 언어 능력, 시지각 및 시공간

구성 능력, 실행기능 등으로 점차 광범위한 인지기능의 감퇴를 보인다.

상대적으로 혈관성 치매는 뇌졸중이나 뇌출혈과 같은 뇌혈관 질환으로 인해 뇌조직이 손상되면서 뒤이어 갑작스럽게 증상이 발병하고, 진행 경과도 점진적이라기보다는 계단식으로 증상이 악화되거나 변동을 보인다. 증상 유형 면에서도 알츠하이머형과 달리 원인이 되는 뇌혈관 질환 위치나 침범 정도에 따라 나타나는 증상의 종류나 정도, 출현 시기 등이 매우 다양할 수 있다.

이 밖에도 뇌세포의 손상을 가져오는 신체 질환에 따라 파킨슨병, 헌팅턴병, HIV 감염, 프라이온병으로 인한 치매 등이 있다. 외상성 뇌손상이나 물질이나 약물에 의해 치매가 유발되기도 한다. 각 치매의 원인과 하위유형은 다음에서 보다 자세하게 설명될 것이다.

## 2) 치매의 유병률

실제로 얼마나 많은 노인이 치매로 고통받고 있을까? 치매의 유병률은 나이와 치매 유형에 따라 달라지며, 특히 연령이 높아짐에 따라 증가하는 경향을 보인다.

DSM-5(2013)에서는 치매라는 용어 대신 새롭게 신경인지장애neurocognitive disorder라는 용어를 사용하고 있는데, 치매에 해당하는 주요major 신경인지장애의 경우 65세에서는 1~2% 의 유병률을 보이지만, 85세에서는 30%까지 유병률이 높아진 다고 보고되고 있다. 이와 더불어 치매 전 임상 단계인 경도mild 신경인지장애의 경우에는 65세에서 2~10%, 85세에서 25% 의 유병률이 관찰된다. 즉, 85세 이상 노인들의 반 이상에서 임상적으로 유의미한 인지기능의 감퇴가 있다는 것이다.

국내의 경우에도 2012년도 보건복지부 조사 결과에 따르 면, 65세 이상 노인들 중 치매환자 수는 약 54만 1,000명으로 추산되었고 유병률은 9.2%였다. 이 중 남성이 15만 6,000명, 여성이 38만 5,000명으로 남성보다는 여성이 치매 환자 수가 높았다. 대부분의 역학 연구에서도 여성이 남성보다 치매 유 병률이 높은 것으로 나타나는데, 이는 여성이 남성보다 더 오 래 장수하는 것과 관련이 있어 보인다. 또한 인지기능은 떨어 지지만 일상생활을 수행하는 능력은 보존되어 있는 경도 인 지장애의 유병률도 65세 이상에서 27.8%로 나타나 전체 노 인 인구의 1/4을 넘는 것으로 보고되었다. 인구 고령화 추세 에 따라 앞으로도 치매 환자 수는 계속 증가할 것으로 예상하 는데, 2030년에는 약 127만 명, 2050년에는 약 271만 명으로 20년마다 치매 환자 수는 2배씩 증가할 것으로 추산된다.

유형별로는 알츠하이머형 치매가 가장 많고, 다음으로 혈

관성 치매 유형이 많다. 연구 환경과 진단기준에 따라 다르기
는 하지만 알츠하이머형 치매가 전체 치매 환자의 60~90%
를 차지한다고 알려져 있다. 우리나라의 경우에도 2012년도
보건복지부 조사 결과, 전체 치매 환자 중 알츠하이머형 치매
가 71.3%, 혈관성 치매가 16.9%, 기타 치매가 11.8%로 보고
되었다. ◆

## 🔑 레이건 대통령과 대처 수상

미국의 40대 대통령으로 냉전체제를 종식시키고 경제적 안정을 이룩하여 미국인들의 사랑을 받은 레이건 대통령, 그리고 영국 최초의 여자 수상이자 3번의 재임으로 12년간 영국을 이끌어온 '철의 여인' 대처 수상도 모두 인생 후반에는 치매에 걸려 사망하였다.

로널드 레이건 대통령은 퇴임 후 5년이 지난 1994년에 자필 서한을 통해 자신이 알츠하이머형 치매에 걸렸다고 고백하였고, 10여 년간 알츠하이머를 앓다 2004년 93세의 나이로 사망했다. 레이건 대통령의 아들인 론 레이건은 한 방송 인터뷰에서 "불행하게도 아버지는 보통 (치매) 환자와 비슷한 증상을 보였습니다. 단어를 잊고 말을 길게 하지 못했습니다. 옛날의 달변가도, 자상한 아버지도 아니었습니다"라고 말하였다. 병세가 심해지면서는 부인인 낸시 여사도 알아보지 못했다고 한다.

2013년에 87세의 나이로 사망한 마거릿 대처 수상의 공식적인 사망 원인은 뇌졸중이지만, 전문가들은 오랜 기간 앓아온 치매를 주요 사망 원인으로 보고 있다. 실제로 대처 수상은 2001년과 2002년 사이에 여러 번의 가벼운 뇌졸중을 앓았고, 이후 2008년에 치매 진단을 받고 증상이 심해지면서는 윌리엄 왕자의 결혼식 등 공식석상에 아예 모습을 보이지 않았다.

# 2. 치매의 증상

치매 환자는 뇌신경세포의 손상으로 인한 다양한 인지기능 감퇴를 핵심 증상으로 보인다. 이와 더불어 정서·행동 상의 변화나 정신병적 증상을 보이기도 한다. 하지만 치매의 증상은 치매의 원인과 유형에 따라 달라질 뿐만 아니라 개인차 또한 상당해 간단하게 소개하기 어렵다. 여기에서는 치매의 증상을 크게 주요 증상과 부수적 증상으로 나누어 소개하고자 한다.

## 1) 치매의 주요 증상

DSM-5(2013)에서 주요 신경인지장애에 해당하는 치매는 한 가지 이상의 인지기능에서 이전보다 현저한 기능 감퇴의 증거가 있고, 이로 인해 일상의 활동을 수행하기 어려우며, 다른 사람의 도움을 필요로 하는 등 독립적인 생활이 어려워질 때 진단된다. 특히 인지기능의 감퇴는 환자 본인, 배우자 또는 자식과 같이 환자의 상태를 잘 알고 있는 정보 제공자 또는 임상가가 인지기능의 저하가 있음을 염려하고 있어야 하며, 그와 동시에 객관적이고 표준화된 신경심리검사나 임상 평가에서 실제적인 인지 수행의 손상이 관찰될 때에만 확진이 된다.

즉, 치매의 주요 증상은 다양한 영역에서 관찰되는 인지기능의 감퇴다. 다음에서는 치매에서 흔히 손상을 보이는 신경인지 영역을 좀 더 자세하게 살펴보자.

### (1) 기억 및 학습 능력

치매 환자의 인지기능 손상 중에서 가장 흔히 나타나는 증상이 기억 및 학습 능력의 저하다. 『정신장애의 진단 및 통계편람-제4판DSM-Ⅳ』(1994)에서는 알츠하이머형 치매의 진단 시 기억장애를 필수 증상으로 분류하기도 하였다. 기억장애가 나타나는 초기에는 주로 단기기억의 저하가 나타나 새로운 정보를 학습하거나 최근 정보를 인출하는 데 어려움을 보인다. 얼마 전에 있었던 일도 잘 잊어버리고 방금 들은 말도 잘 기억나지 않는 등 건망증이 심해지는 것처럼 보이기도 한다. 이러한 기억 감퇴는 흔히 노년기에서 나타나는 정상인의 건망증과 비슷하여 대수롭지 않게 여겨지는 것이 일반적이다. 그러나 시간이 지날수록 기억 감퇴는 점차 광범위하게 나타나 지갑이나 열쇠 등 중요한 물건을 잃어버리거나, 가스레인지에서 음식을 요리하고 있는 중임을 잊어버리거나, 익숙한 곳에서 길을 잃기도 한다.

치매가 진행됨에 따라 오래전에 있었던 일에 대해서도 기억을 못하는 등 장기기억에도 장애가 나타난다. 이러한 기억장애가 더욱 진행되면 자녀나 친척의 이름을 제대로 기억하지 못할 뿐 아니라 심지어 자신의 이름과 생년월일, 주소, 과거의 직업까지도 망각하게 된다.

### (2) 언어 능력

언어 능력의 감퇴도 치매의 주된 증상 중 하나다. 치매의 초기에는 언어기능에 매우 미묘한 손상이 나타나서 다른 사람이 인식하기 어렵다. 일반적으로 초기에는 단어유창성이 떨어지고 복잡한 언어의 이해력이 저하된다. 또한 사물의 이름을 지칭하는 명명 과제에서 어려움을 겪게 되며, 사물예: 냉장고의 정확한 이름을 찾지 못하여 '저것' '음식 넣어두는 곳' '시원하게 얼리는 기계' 등과 같이 사물을 대명사로 설명하거나 용도를 모호하고 장황하게 표현하는 경향이 증가한다.

이처럼 사람과 사물의 이름을 말하는 데 특히 어려움이 있는 것을 실어증aphasia이라고 한다. 실어증이 있는 사람의 말은 모호하고 공허하며, 장황하고 빙빙 돌려 말하는 어투와 '그것'이나 '그런 일' 등의 대명사를 지나치게 자주 사용한다. 이처럼 치매 초기에는 표현성 언어기능에 장애가 두드러지는 반면, 언어를 이해하는 수용적 언어기능에서는 상대적으로 감퇴가 적다.

치매의 중기 이후에는 점차 언어장애가 심해져서 부적절한 언어표현이 많아지며, 특히 발음이나 뜻은 유사하지만 용도가 전혀 다른 단어를 부적절하게 사용하는 경우가 자주 나타난다. 뿐만 아니라 서서히 언어이해기능에도 손상이 나타나 상대방의 말을 잘 알아듣지 못하여 동문서답하거나 엉뚱하게 반응하는 일이 나타난다. 치매의 말기에는 전혀 말을 하지 않는 무언증, 같은 말을 계속 반복하는 동어반복증, 상대방의 말을 그대로 따라하는 반향언어증 등의 특징적인 증상이 나타난다.

## (3) 지각-운동 능력

치매가 진행됨에 따라 시·공간 판단 능력에도 장애가 나타난다. 치매 초기에는 시간에 대한 판단 능력이 먼저 서서히 감퇴하고, 점차 장소와 사람에 대한 판단 능력까지 손상받게 된다. 그 결과, 심한 치매 환자는 자신이 현재 어디에 있는지, 몇 시인지, 주위에 있는 사람들이 누구인지조차 모르게 된다.

아울러 시·공간 판단 능력에 장애가 생기게 되면 거리를 측정하는 능력이 떨어져 길을 제대로 찾지 못하고 길을 잃고 헤매는 일이 자주 일어나게 된다.

또한 치매 환자는 대부분 일상생활을 영위하는 데 필요한 빗질하기, 옷 입기, 목욕하기, 요리하기, 그림 그리기 같은 일상적인 과제를 수행하는 데 어려움을 겪고 크고 작은 실수를 자주 하게 된다. 그 이유 중 하나는 치매 환자가 흔히 실행증을 지니고 있기 때문이다. 실행증apraxia이란 운동기능, 감각기능 그리고 지시이해기능이 정상임에도 동작을 통해 어떤 일을 실행하는 능력에 장애가 있는 것을 뜻한다. 실행증이 있는 사람은 이 닦기, 인사하기, 그림 그리기, 성냥개비를 특정한 형태로 배열하는 일 같은 행동을 흉내 내거나 따라하는 데에 현저한 어려움을 겪는다.

감각기능에는 이상이 없음에도 사물을 인지하지 못하거나 그 의미를 파악하지 못하는 실인증agnosia이 관찰되기도 한다. 제시한 사물의 모양이나 색깔은 파악할 수 있지만, 그 사물이 무엇인지 그리고 어디에 사용되는 것인지를 인식하지 못하는 것이다. 예를 들어, 시력이 정상임에도 책상이나 신발 등의 사물을 구별하지 못하고, 심지어 가족이나 거울에 비치는 자신의 모습도 인식하지 못하게 된다. 또한 촉각기능이 정상임에도 손바닥에 놓인 사물예: 동전이나 열쇠을 감촉만으로는 구별하지 못한다.

### (4) 실행기능

치매 환자는 전두엽 기능의 저하로 인해 목표 지향적 행동 수행에 요구되는 실행기능에서도 감퇴를 보인다. 실행기능 executive function이란 과제 수행에 필요한 여러 가지 인지기능들로 계획 세우기, 의사 결정하기, 짧은 기간 동안 정보를 보유하고 이를 조작하기작업기억, 피드백과 오류를 활용하여 문제를 해결하기, 쉬운 작업 대신에 보다 복잡하고 어려운 해결방법 선택하기행동 억제, 2가지 개념이나 작업 내에서 전환할 수 있는 인지적 유연성 등이 포함된다. 치매 환자의 경우 초기에는 익숙하지 않거나 복잡한 판단을 요하는 활동을 수행할 때 기능 저하가 나타나다가 점차 과거에 능숙하게 수행하던 요리, 돈 관리, 집안 일 처리 등에도 실수가 발생하며, 종국에는 식사, 옷 입기, 대소변 가리기와 같이 매우 기초적인 자기 관리 행동에도 어려움이 발생한다. 결국 독립적으로 의사결정을 내리거나 일상생활의 활동을 계획할 수가 없어 다른 사람에게 의존하게 된다.

### (5) 복합 주의력

주의력은 다양한 영역으로 이루어진다. 예를 들어, 일정 시간 주의를 유지할 수 있는 지속적 주의력, 방해 자극에도 불구하고 목표 자극에 주의를 유지할 수 있는 선택적 주의력, 동시에 2가지 과제에 주의를 집중할 수 있는 분할 주의력 등이 있다. 이러한 주의력에 손상을 보이는 경우 환경 속 다양한 목표 자극들예: TV, 책, 다른 사람들과의 대화에 집중하는 것이 어렵고, 창밖으로 들리는 소음과 같이 그다지 중요하지 않고 무시해도 좋을 만한 다른 자극들에 의해서 쉽게 주의분산이 일어날 수 있다. 또한 새로운 정보를 머릿속에 보유하는 것이 힘들어 전화번호나 주소를 듣고 외우거나 방금 들은 말을 다시 전달하는 것도 어려워진다. 평소보다 생각할 때 시간이 오래 걸리고, 정보가 하나 또는 두 개 정도로 단순화되어야지만 처리가 가능하다. 치매 유형 중에서는 혈관성 치매나 외상뇌손상으로 인한 치매에서 흔히 정보 처리 속도, 정신 운동 속도 등 제반 주의력의 감퇴가 두드러진다.

## (6) 사회 인지

사회 인지에는 다른 사람의 표정을 보고 감정을 알아차릴 수 있는 것, 그리고 다른 사람의 생각이나 욕구, 의도 등을 고려할 수 있는 능력 등이 모두 포함된다. 사회 인지에 심한 감퇴를 보이는 사람들은 흔히 사회적으로 받아들여질 수 있는 테두리를 명백히 벗어난 행동을 하며, 옷차림이나 대화 시에

도 사회적 기준에 민감하지 못하고, 자기가 하고 싶은 말에만
몰두하는 경향이 있다. 치매 유형 중에서는 특히 전두측두엽
치매의 행동 변형을 가진 경우 사회적 상황을 인식하고 판단
하는 능력, 행동 통제 및 억제 능력이 감퇴되고, 강한 충동성
을 보인다. 따라서 주변 상황이나 상대방의 입장이나 감정을
고려하지 않은 채 하고 싶은 말을 마음대로 한다든지, 제멋대
로 행동하고 무리한 요구를 하거나 심하게 고집을 피운다. 또
한 자신의 요구가 받아들여지지 않으면 격하게 화를 내고 심
할 경우 공격적 · 폭력적 행동을 보이기도 한다. 저속한 농담,
욕설 등을 아무렇지 않게 내뱉기도 하며, 성적인 충동이나 식
탐이 증가할 수 있다. 가족들을 비롯한 주변 사람들에 대해서
는 무관심하고 정서적으로 냉담한 특성을 보인다.

## 2) 치매의 부수적 증상

치매 환자는 인지기능의 감퇴 이외에도 정신병적 증상, 기
분 장해, 무감동 등 행동 장해를 보일 수 있다. 치매 진단 시 이
러한 부수적 증상이 관찰되느냐에 따라 행동 장해behavioral
disturbance가 동반되는 또는 동반되지 않는 치매로 보다 상세하
게 진단을 내릴 수 있다.

알츠하이머형 치매, 루이소체 치매, 전두측두엽 치매의 경

우 경도~중등도 단계에서 흔히 다양한 정신증적 증상을 보인
다. 흔히 편집망상이 많이 나타나는데, 예를 들어 "가족이 나
를 죽이려 한다" "남편또는 아내이 외도를 했다" "집에 도둑이
들어와 돈을 훔쳐갔다" 등 피해의식과 관련된 주제들이 뚜렷
하게 나타나는 경향이 있다. 하지만 이러한 망상이 체계적이
고 복잡하게 조직화되어 있지는 않으며, 주로 단편적이고 산
만한 내용인 경우가 많다. 그러나 이러한 피해의식적 망상에
근거하여 매우 공격적이고 충동적인 행동을 나타낼 가능성도
있으므로 주의가 필요하다. 또한 감각기능의 이상으로 인하여
환시, 환청, 환촉과 같은 환각 증상도 발생할 수 있는데, 특히
환시가 다른 정신증적 장애에 비해 흔히 관찰되며, 이러한 환
각 경험이 망상으로 발전될 수 있다. 하지만 조현병과 비교하
여 치매는 와해된 언어나 행동이 크게 두드러지지 않는다.

우울, 불안, 고양된 기분과 같은 기분 장해도 함께 발생하
기 쉽다. 특히 알츠하이머병이나 파킨슨병으로 인한 치매에서
는 장애 초기에 말수가 줄어들 뿐만 아니라 우울하고 침울한
모습을 자주 보인다. 그리고 이러한 증상이 때로 노년기에 나
타나는 우울증과 혼동될 수 있다. 하지만 치매에서 나타나는
우울 증상은 인지적 장애를 수반하게 되며, 무표정하고 무감
동한 정서반응과 밀접한 관련을 맺고 있다. 상대적으로 전두
측두엽 치매에서는 흔히 고양된 기분이 관찰된다.

치매가 점차로 진행됨에 따라 불안하고 초조한 듯이 행동하며 목표가 불분명한 산만한 행동을 나타내거나 때로는 똑같은 행동을 지속적으로 장시간 반복하기도 한다. 사소한 좌절에도 예민해져서 화를 잘 내고 공격적인 행동을 나타내기도 하는데, 예를 들어 보호자가 목욕을 시키거나 옷을 입히려고 할 때 이에 저항하면서 싸울 듯이 군다. 이러한 공격행동은 화를 다소 심하게 내는 정도에서 그치기도 하지만, 심각한 경우에는 타인에게 위해를 가하거나 자해행동으로 나타날 수도 있다. 특히 심한 공격적 행동은 피해의식이나 망상과 같은 정신병적 증상과 관련되어 있는 경우가 많다. 자살행동은 계획적으로 어떤 행동을 실행할 수 있는 초기 단계에서 나타날 수 있다.

알츠하이머형이나 전두측두엽 치매 환자에게서는 흔히 무감동apathy이 관찰된다. 무슨 일인가를 하려는 동기가 약하고, 목표 지향적인 행동 자체도 감소하며, 정서적인 반응성도 줄어든다. 특히 치매의 초기 단계에서 일상적인 활동이나 취미 생활을 수행할 만한 동기가 저하되는 방식으로 이러한 무감동 증상이 관찰되곤 한다.

이 밖에도 치매 환자는 자신의 능력을 과대평가하여 무모한 일을 하거나 어떤 활동예: 운전에 수반되는 위험을 과소평가하여 크고 작은 사고를 유발하기도 한다. 전두측두엽 치매 환자의 경우 특히 부적절한 농담을 하고, 개인위생을 소홀히 하며, 모르는 사람에게 지나친 친근감을 나타내거나 일상적인 관습과 사회적 행동을 고려하지 않는 등 행동을 자제하지 못할 수 있다. 수면 장해도 비교적 흔한데, 예를 들어 불면증, 과다수면, 밤낮이 바뀌는 24시간 주기 리듬의 장해 등을 보인다. 해질 무렵 의식이 더욱 혼란스러워지면서 초조해하고, 불안해하며, 배회하는 증상sundowning이 관찰될 수 있다. 지나친 식욕 항진과 그에 따른 과식, 특정 물건들을 계속 모으는 수집 증상을 보이기도 한다.

### 3) 치매와 유사 증상의 구분

노년기에는 정상적인 노화 과정으로 인해 신체적·심리적 쇠퇴 현상이 나타난다. 즉, 시각과 청각을 비롯한 감각기능이 감퇴하고, 기억력이나 집중력 등의 인지기능도 저하된다. 아울러 주변 자극에 대한 반응이 둔화되고 운동 능력이 저하되어 민첩한 행동을 하기 어려워진다. 이와 같이 노년기에 흔히 나타나는 자연스러운 노화 증세가 치매 증상과 혼동되어 불필요한 걱정과 우려를 낳을 수도 있다. 뿐만 아니라 치매는 다른 노년기 장애와 혼동되는 경우가 있다. 따라서 치매 증상과 흔히 혼동하기 쉬운 유사 증상들의 차이점을 살펴보기로 한다.

### (1) 감각기능의 감퇴

노년기에 접어들면 시력, 청력을 비롯한 감각기능이 현저하게 감퇴한다. 따라서 주변의 자극을 잘 알아보지 못하거나 착각을 하여 엉뚱한 실수를 자주 하게 된다. 또한 귀가 어두워져 다른 사람의 말을 쉽게 알아듣지 못하여 자꾸 되묻게 되거나 적절하게 반응하지 못하게 된다. 젊은 사람의 입장에서 보면, 이러한 노인의 행동은 '말귀'를 못 알아듣는 것으로 여겨져 지적기능이 저하되는 치매로 잘못 판단할 수 있다.

이런 경우에는 안경이나 보청기를 사용하거나 적절한 수술을 통해 감각기능이 회복되면 언어이해나 행동 수행의 문제가 사라지게 된다.

### (2) 기억력의 감퇴

노인이 되면 누구나 기억력과 아울러 학습 능력이 저하된다. 특히 새로운 학습에 중요한 단기기억 능력이 현저하게 저하된다. 일반적으로 학습 능력은 20대에 절정에 이르러 나이가 들면서 점차 감소해 노년기에는 10세 이하로 떨어진다고 한다. 따라서 금방 들은 것을 잊어버리고 새로운 것을 배우는 데에 어려움을 겪게 된다. 이런 체험을 하게 되는 노인들은 스스로 바보가 되어가는 것처럼 느껴져 치매가 아닌가 의심하게 된다. 이렇게 정상적인 노화로 인한 기억력 저하와 치매 증상은 구별되어야 한다.

신경심리검사에서는 환자의 연령, 교육수준, 문화적 배경 등을 고려한 규준에 비해서 환자의 기능이 실제로 얼마나 저하되어 있는지를 확인한다. 치매의 경우 해당 규준의 평균에서부터 2 표준편차 이상백분위 3%ile 미만 수행이 저하되어 있는 경우가 많다.

### (3) 섬망

섬망delirium 또한 노년기에 흔히 나타나는 신경인지장애 중 하나로, 갑자기 의식이 혼미해져 주위를 알아보지 못하고, 시간과 장소에 대한 인식에 장애를 보이며, 질문에 적절하게 대답하지 못하고, 헛소리를 하기도 한다. 이와 더불어 기억력이나 언어 능력, 시공간 지각 능력 등의 인지 영역에서도 장해가 관찰되기 때문에 흔히 치매로 오인되기 쉽다.

그러나 섬망은 과도한 약물 복용이나 반대로 금단 상태 또는 신체적 질환예: 간질환, 당뇨, 뇌수막염에 의해 직접적으로 발생하는 것으로, 치매와는 달리 일련의 증상이 급격하게 나타나고 하루 동안에도 심한 기복을 보이다가, 그 원인을 제거하면 증상도 갑자기 사라지는 경우가 많다. 상대적으로 치매는 증상이 안정되어 있으며 서서히 악화되는 경향이 있다. 하지만 섬망 이전에 치매 증상이 있었는데 이를 알아차리지 못했던 경우나, 반대로 섬망 이후에 지속적으로 인지기능의 저하를 보이는 경우에는 이러한 구별이 어려울 수 있다.

### (4) 노년기 우울증

노인들은 주변 자극에 대한 정서적 반응성이 저하되어 감정이 둔화되고 무감각하며 때로는 침울하게 보일 수 있다. 뿐만 아니라 노년기에는 신체적 쇠약과 질병, 은퇴로 인한 사회적·경제적 능력의 약화, 배우자나 친구의 사망 등과 같이 상실 경험을 많이 하게 되어 노년기에 우울증을 나타낼 소지가 많다. 노년기 우울증의 경우 슬프고 우울한 기분보다는 의욕 감퇴, 활동량 감소, 무기력, 피로감, 불면, 정신-운동 속도의 저하, 정신-운동 초조, 주의 집중력 저하 및 기억력 저하와 같은 신체적·인지적 양상이 많이 보고되기 때문에 치매로 혼동되기 쉽다.

만약 주요 우울증의 병력이 없고 우울증에 걸릴 만한 뚜렷한 심리적 원인이 없다면 치매의 가능성이 높을 수 있다. 하지만 치매와 우울증의 감별이 대단히 어려울 뿐만 아니라 두 장애가 공존하는 경우가 많으므로 각별한 주의가 필요하다. 우울증으로 인한 기억력 및 인지기능 저하는 우울 증상의 호전에 따라 회복이 가능하다. 또한 알츠하이머형 치매 환자라 하더라도 우울 증상을 보일 경우 우울 증상이 호전되면 인지 증

## 치매의 자가진단

다음은 삼성서울병원 신경과 기억장애 클리닉에서 개발하여 치매의 자가진단 질문지로 활용되는 삼성 치매 척도(Samsung Dementia Questionnaire) 문항들이다. 최근 6개월간의 해당 사항에 동그라미를 치는데, 치매 가능성이 있는 당사자가 직접 문항을 읽고 표시하거나, 또는 환자의 상태를 가장 잘 알고 있는 보호자가 대신 표시할 수도 있다.

1) 전화번호나 사람 이름을 기억하기 힘들다.
2) 어떤 일이 언제 일어났는지 기억하지 못할 때가 있다.
3) 며칠 전에 들었던 이야기를 잊는다.
4) 오래전부터 해오던 일은 잘 하나 새로운 것을 배우기가 힘들다.
5) 반복되는 일상생활에 변화가 생겼을 때 금방 적응하기가 힘들다.
6) 본인에게 중요한 사항을 잊을 때가 있다(예를 들어, 배우자 생일, 결혼기념일 등).
7) 다른 사람에게 같은 이야기를 반복할 때가 있다.
8) 어떤 일을 해놓고도 잊어버려 다시 반복한 적이 있다.
9) 약속을 해놓고 까먹을 때가 있다.
10) 이야기 도중 방금 자기가 무슨 이야기를 하고 있었는지를 잊을 때가 있다.
11) 약 먹는 시간을 놓치기도 한다.
12) 여러 가지 물건을 사러 갔다가 한두 가지를 빠뜨리기도 한다.
13) 가스 불을 끄는 것을 잊어버린 적이 있다. 또는 음식을 태운 적이 있다.

14) 남에게 같은 질문을 반복한다.

15) 어떤 일을 해놓고도 했는지 안 했는지 몰라 다시 확인해야 한다.

16) 물건을 두고 다니거나 가지고 갈 물건을 놓고 간다.

17) 하고 싶은 말이나 표현이 금방 떠오르지 않는다.

18) 물건 이름이 금방 생각나지 않는다.

19) 개인적인 편지나 사무적인 편지를 쓰는 것이 힘들다.

20) 갈수록 말수가 감소하는 경향이 있다.

21) 신문이나 잡지를 읽을 때 이야기 줄거리를 파악하지 못한다.

22) 책을 읽을 때 같은 문장을 여러 번 읽어야 이해가 된다.

23) 텔레비전에 나오는 이야기를 따라가기가 힘들다.

24) 자주 보는 친구나 친척을 바로 알아보지 못한다.

25) 물건을 어디에 두고서 나중에는 어디에 두었는지 몰라 찾게 된다.

26) 전에 가본 장소를 기억하지 못한다.

27) 방향 감각이 떨어졌다.

28) 길을 잃거나 헤맨 적이 있다.

29) 물건을 항상 두는 장소를 망각하고 엉뚱한 곳을 찾는다.

30) 계산능력이 떨어졌다.

31) 돈 관리를 하는 데 실수가 있다.

32) 과거에 쓰던 기구 사용이 서툴러졌다.

---

위 32개 항목 중 17가지 이상에 해당되는 경우 치매 위험성이 있으므로 병원에 내원하여 관련 정밀 검사를 받아볼 필요가 있다.

출처: 최성혜, 나덕열, 강연욱 등(1998).

상 역시 다소 완화된다. 하지만 우울증 치료 후에도 인지기능 저하가 지속된다면 치매일 가능성이 높다.

### (5) 조현병

치매 환자가 보이는 피해의식은 때로 조현병의 특성처럼 보이기도 한다. 하지만 일반적으로 조현병은 흔히 10대 후반에서 30대 중반 사이에 발병하여 치매보다 빠른 발병 연령을 보인다. 따라서 조현병의 병력이 없는 노인이 갑자기 피해의식을 보이는 경우 치매 진단이 더 적합할 수 있다. 하지만 평생 동안 조현병을 앓아온 사람이 노년기에 추가적으로 치매를 앓을 수도 있다. 이러한 경우 조현병 시기의 기능 수준, 기억, 인지 능력보다 더 상태가 악화되는 것이 특징이다.

## 4) 치매의 경과와 예후

치매의 발병이나 경과는 치매의 유형에 따라 상당한 차이가 있고, 각 환자의 특성에 따라서도 다양하다. 특히 환자의 병전 지능, 교육 수준, 다른 정신병리의 존재 유무에 따라 치매 증상의 심한 정도와 악화 속도가 달라질 수 있다.

뇌손상이나 뇌혈관 질환과 관련된 치매의 경우 어느 순간 갑작스럽게 발병하며 시간에 따른 변동을 보이거나 계단식으

2. 치매의 증상 ✳ **79**

로 악화되어 간다. 뇌혈관 질환은 어떤 연령에서도 발생할 수 있지만 65세 이상에서 유병률이 급격히 증가한다. 상대적으로 알츠하이머병이나 전두측두엽 변성과 같은 신경퇴행성 질환으로 인한 치매는 흔히 서서히 발병하여 점진적으로 악화되어 간다. 알츠하이머형 치매의 경우 일반적으로 80~90대에 증상이 처음 시작되는데, 50~60대에 비교적 이른 발병을 보이는 경우 유전적 돌연변이와 관련이 있는 경우가 많다. 하지만 발병 연령에 따른 치매 증상 차이는 거의 없는 것으로 알려져 있다.

치매 증상이 나타나더라도 조속하게 원인을 규명하고 적절한 치료를 받으면 증상이 호전될 수도 있다. 하지만 이렇게 치료 가능한 가역적 치매는 그리 많지 않다. 대부분의 치매는 발병하면 증상이 점진적으로 악화되며 병전 상태로의 회복이 거의 불가능한 비가역적 특성을 보인다. 가장 흔한 유형인 알츠하이머형 치매의 경우, 초기에는 최근 기억의 장애가 나타나고, 이어서 실어증과 실행증이 나타나며, 몇 년 후에는 실인증이 나타나게 된다. 어떤 환자는 치매 초기에 인격의 변화가 일어나서 정서적으로 불안정해지고 자기 통제력이 약화되어 평소와 달리 충동적이고 부적절한 행동을 나타내기도 한다.

일반적으로 치매의 신체적 장애는 비교적 후기에 나타나는 경향이 있다. 치매의 경과가 어느 정도 진행되면 환자는 보행 장애를 나타내게 되고, 그 결과 주로 의자와 침대에서만 지내야 하는 상태로 악화된다. 이렇게 움직임이 자유롭지 못하게 되면 전신의 근육이 경직되고 대소변을 가리지 못하는 일이 빈번해진다. 치매 말기에는 거의 말을 하지 못하고 수족을 움직이지 못하는 식물인간 상태에서 사망에 이르게 된다.

알츠하이머형 치매 진단 후 생존 기간은 대략 10년 정도로 알려져 있는데, 치매 증상 자체보다는 치매에 수반되는 신체적 질병으로 인해 사망하게 된다. 사망의 직접적인 원인으로는 폐렴, 요로감염증, 욕창성 궤양 등과 같이 감염으로 인한 패혈증인 경우가 많다. ◆

# 3. 치매의 원인과 유형

치매는 뇌세포의 손상으로 인한 질병이다. 뇌세포가 손상되는 원인은 여러 가지가 있으며 그에 따라 치매 유형도 여러가지로 분류된다. 가장 주된 것이 알츠하이머형 치매이며, 이밖에도 혈관성 치매, 전두측두엽 치매, 외상뇌손상으로 인한 치매 등이 있다. 중요한 것은 치매의 원인이 무엇인지를 빨리발견하는 것이다. 왜냐하면 치매의 원인에 따라 환자의 예후와 치료방법이 달라지기 때문이다.

## 1) 알츠하이머형 치매

알츠하이머형 치매dementia of Alzheimer' s type(APA, 1994) 또는 알츠하이머병으로 인한 주요 신경인지장애major neurocognitive disorder due to Alzheimer' s disease(APA, 2013)는 치매 중에서도 가장

**알츠하이머병으로 인한 주요 신경인지장애의 진단기준**(DSM-5; APA, 2013)

A. 주요 신경인지장애의 기준을 충족한다.

B. 적어도 2가지 인지 영역에서 손상이 서서히 시작하고 점진적으로 진행한다.

C. 진단기준이 다음과 같이 거의 확실한probable 또는 가능성 있는possible 알츠하이머병 둘 중 하나를 충족한다.

　거의 확실한 알츠하이머병은 다음 중 하나가 존재하면 진단한다. 그렇지 않으면 가능성 있는 알츠하이머병으로 진단한다.

1. 가족력이나 유전자 검사에서 알츠하이머병의 원인이 되는 유전적 돌연변이의 증거

2. 다음 3가지가 모두 존재함

　a. (자세한 과거력이나 연속적 신경심리검사에 근거하여) 기억과 학습 그리고 적어도 한 개의 다른 인지 영역에서 저하의 명백한 증거가 있음

　b. 인지 저하는 장기간의 안정기가 없이 꾸준히 진행하고 점진적임

　c. 혼합성 병인의 증거가 없음(즉, 인지 저하의 원인이 될 만한 다른 신경퇴행성 · 뇌혈관 질환 또는 다른 신경학적 · 정신 · 전신 질환이나 상태가 없음)

D. 장애는 뇌혈관 질환, 다른 신경퇴행성 질환, 물질의 효과 또는 다른 정신 · 신경학적 · 전신 질환으로 더 잘 설명되지 않는다.

흔한 유형으로 전체 치매 환자의 60~90%가 여기에 속한다. 알츠하이머병은 이 병을 처음으로 보고한 독일의 정신과의사 알로이스 알츠하이머Alois Alzheimer의 이름을 따서 명명되었다. 흔히 알츠하이머병이 곧 치매를 뜻하는 것처럼 쓰이기도 하는데, 사실상 알츠하이머병 자체는 퇴행성 뇌질환의 하나이며 이로 인해 나타나는 증상이 바로 치매다.

## (1) 알츠하이머형 치매의 진단기준

알츠하이머형 치매로 진단하기 위해서는 우선 6개 인지 영역복합 주의력, 실행기능, 기억력, 언어 능력, 지각-운동 능력, 사회 인지 중 적어도 2가지 이상에서 두드러진 인지기능의 감퇴가 존재해야 한다. 이때 인지기능 감퇴와 관련하여 환자나 보호자, 임상가의 주관적인 염려와 더불어 신경심리 평가 및 임상 평가에서 실제적인 기능 저하가 관찰되어야 한다. 그리고 이로 인하여 일상생활에서 독립적인 활동이나 적응이 어려울 정도의 기능 저하가 나타날 때 비로소 치매로 진단 가능하다.

특히 알츠하이머형 치매의 주된 특징은 뇌세포의 점진적 손상으로 인해 치매 증상이 서서히 나타나서 점진적으로 악화되는 것으로, 대체로 초기에는 미세한 기억장애에서부터 시작해, 점차 언어장애, 지각-운동 능력의 장애, 실행기능의 장애로 손상의 정도가 심해지고, 말기에는 매우 심각한 치매 상태로 발전하게 된다. 상대적으로 사회 인지는 말년까지도 유지되는 경향이 있다.

다음으로는 이러한 치매 증상이 알츠하이머병으로 인한 것이라는 증거가 필요하다. 확실한 알츠하이머병은 유전자 검사나 가족력에서부터 알츠하이머병의 원인이 되는 유전자가 존재한다는 증거가 있어야 한다. 유전적 돌연변이의 확인이 불가능한 경우 임상 양상이 알츠하이머형 치매의 특성에 부합하며 다른 뇌혈관 질환, 파킨슨병, 헌팅턴병 등과 같이 치매를 유발하는 구체적인 신체적 원인이 없어야 한다.

### (2) 알츠하이머형 치매의 발전과정과 유병률

알츠하이머형 치매는 때때로 짧은 안정기가 있기도 하지만 대부분은 점진적으로 악화되어 죽음에까지 이른다. 알츠하이머형 치매로 진단받은 후 사망까지의 평균 기간은 대략 10년으로 보고되는데, 이는 대부분의 환자가 고령에 발병하기 때문으로, 어떤 환자는 20년 이상 생존하기도 한다. 개인에 따라 증세는 다양하게 나타날 수 있다. 일반적으로 초기 단계에서는 최근 기억 또는 단기 기억이 손상되며 이어서 언어 장애, 지각-운동 장애, 실행기능 장애로 발전되는 경우가 흔하다. 발병 후 첫 1년 동안에는 운동이나 감각기능에 장애가 없으나 나중에 경과가 진행되면 근육 경련이나 보행 장해가 나타날 수 있다. 일부 환자 중에는 초기 단계에서 성격 변화나 과민성을 보이기도 한다. 말기 단계에서는 말이 거의 없어지거나 언어적 소통이 불가능해지고, 보행 장애와 운동 장애가 발생하여 침대에서만 누워 지내다가 사망하는 경우가 많다.

알츠하이머형 치매의 유병률은 선진국의 경우 70대에 5~10%, 80대 이상에서 25% 정도라고 보고되고 있다. 보통의 경우 80~90대에 알츠하이머형 치매 증상을 보이는 경우가 많으며, 50세 이전에 발병하는 경우는 극히 드물다. 구체적으로 미국 인구조사 자료에 의하면, 알츠하이머형으로 진단받은 환자 중 약 7%가 65~74세, 53%는 75~84세, 나머지 40%는 85세 이상인 것으로 나타났다. 우리나라의 경우 4.2~9.0%의 유병률이 보고되고 있다.

## (3) 알츠하이머형 치매의 원인과 위험요인

알츠하이머형 치매는 뇌세포의 점진적 손상에서 기인한다. 그러나 뇌세포의 손상이 일어나는 근본적인 원인은 아직 정확하게 밝혀져 있지 않다. 현재까지 알려진 바로는, 뇌에 아미노산 배열이 뭉쳐져 독성 물질로 변하는데, 이 베타아밀로이드 $\beta$-amiloid라는 독성 물질이 신경세포의 세포벽을 파괴하기 때문이라는 주장이 가장 유력하다. 특히 베타아밀로이드는 신경전달물질인 아세틸콜린을 만드는 대뇌 부분과 대뇌피질의 신경세포를 파괴하여 아세틸콜린의 활성 상태를 감소시키는 것으로 알려져 있다. 알츠하이머형 치매 환자에 대한 뇌단층촬영이나 자기공명촬영 자료에 의하면, 대개의 경우 뇌가 위축되어 있으며, 피질구가 심하게 확장되어 있고, 뇌실도 확대되어 있는 것으로 나타난다. 특히 기억력과 연관이 있다고 알려진 측두엽의 해마와 후각내 피질entrorhinal cortex에서부터 이러한 세포 상실이 시작되어 대뇌 피질의 광범위한 영역으로 진행되는데, 이는 알츠하이머형 치매가 초기 기억 장애를 보이다가 이후 다양한 영역의 인지기능 감퇴로 이어지는 것과도 일치하는 결과다.

알츠하이머병이 60대 이전에 비교적 일찍 발병한 경우에는 유전적 소인이 관련 있을 가능성이 높다. 특히 염색체 21, 14, 19번이 알츠하이머병과 연관되어 있다고 알려져 있는데 14번 염색체의 presenilin-1 유전자, 1번 염색체의 presenilin-2 유전자, 21번 염색체의 아밀로이드 전구 단백질amyloid precursor protein 등의 유전자 돌연변이가 발병 요인으로 보고되고 있으며, 이와 더불어 19번 염색체의 단백질 유전자로 알려진 ApoE4 유전자의 보유는 알츠하이머형 치매의 위험 요인으로 알려져 있다.

이 밖에도 베타아밀로이드의 생성에 영향을 미치는 여러 가지 환경적 요인에 대한 주장이 제기되고 있다. 예컨대, 환경

오염과 가공식품 섭취에 의해 체내에 알루미늄이 축적되면 베타아밀로이드의 생성이 촉진된다는 연구 보고가 있다. 또한 과도한 정신적 스트레스나 지나치게 소극적이고 폐쇄적인 생활도 베타아밀로이드의 생성에 영향을 미친다고 한다.

알츠하이머형 치매의 가장 강력한 위험 요인은 고령이다. 이와 더불어 알츠하이머형 치매는 남성보다 여성에게서 더 흔하게 관찰되는데, 이는 여성이 남성보다 평균 수명이 길다는 점을 감안하더라도 알츠하이머형 치매에 이환될 확률이 남자보다 1.5배 정도 높다는 보고가 있다. 이 밖에도 직계가족 중에 알츠하이머형 치매의 병력이 있을 경우, 과거 외상뇌손상이나 뇌혈관 질환을 경험한 적이 있는 경우가 그렇지 않은 경우보다 알츠하이머형 치매에 걸릴 가능성이 더 커진다. 상대적으로 중등도 이상의 운동을 규칙적으로 시행하는 것과 술을 하루 3단위 이내로 섭취하는 것은 알츠하이머형 치매의 위험을 낮출 수 있다고 한다.

## 2) 혈관성 치매

치매에는 알츠하이머형 치매처럼 뇌세포 손상의 원인이 정확하게 밝혀지지 않는 경우가 많다. 그러나 치매 증세를 나타나게 한 뇌손상의 원인이 분명하게 밝혀진 경우도 있는데, 혈

> 🔑 **혈관성 주요 신경인지장애의 진단기준**(DSM-5; APA, 2013)

A. 주요 신경인지장애의 기준을 충족한다.

B. 임상적 특징은 다음 중 어느 하나가 제시하는 바와 같이 혈관성 병인과 일치한다.

　1. 인지 결손의 시작이 하나 이상의 뇌혈관 사건과 시간적으로 연관됨

　2. 복합적 주의력(처리 속도 포함)과 전두엽 실행 기능에서 저하의 증거가 뚜렷함

C. 병력, 신체 검진 그리고/또는 뇌영상에서 신경인지 결손을 설명하기에 충분하다고 여겨지는 뇌혈관 질환이 존재한다는 증거가 있다.

D. 증상들은 다른 뇌 질환이나 전신장애로 더 잘 설명되지 않는다.

　거의 확실한probable 혈관성 신경인지장애는 다음 중 하나가 존재하면 진단한다. 그렇지 않으면 가능성 있는 possible 혈관성 신경인지장애로 진단한다.

　1. (뇌영상으로 지지되는) 뇌혈관 질환으로 인해 현저한 뇌실질 손상이 있다는 뇌영상 증거가 임상적 기준을 지지함

　2. 신경인지 증후군은 하나 이상의 분명한 뇌혈관 사건과 시간적으로 관련됨

　3. 뇌혈관 질환의 임상적 및 유전적(예: 피질하경색과 백질뇌증이 있는 상염색체 우성 뇌동맥병증) 증거가 2가지 모두 존재함

　가능성 있는 혈관성 신경인지장애는 임상적 기준을 충족하지만 뇌영상을 이용할 수 없고, 신경인지 증후군이 하나 이상의 뇌혈관 사건과 시간적으로 연관성이 확실하지 않으면 진단한다.

관성 치매가 그 대표적인 경우다. 혈관성 치매vascular dementia; (APA, 1994) 또는 혈관성 주요 신경인지장애vascular major neurocognitive disorder(APA, 2013)는 뇌경색이나 뇌출혈 등으로 인해 뇌혈관이 막혀 대뇌에 충분한 산소와 영양 공급이 차단되면서 뇌세포에 손상이 생겨 발생하는 치매다. 혈관성 치매는 알츠하이머형 치매에 이어 두 번째로 흔한 치매 유형으로 알려져 있다.

## (1) 혈관성 치매의 진단기준

혈관성 치매를 진단하기 위해서는 우선 알츠하이머형 치매와 마찬가지로 6개 인지 영역 중 적어도 2가지 이상에서 두드러진 인지기능의 감퇴가 존재해야 한다. 이와 더불어 혈관성 치매는 치매 증상의 원인과 관련이 있다고 판단되는 뇌혈관 질환의 증거즉, 국소적 신경학적 징후 및 증상 또는 검사 소견가 반드시 있어야 한다. 이때 뇌혈관 질환과 치매 증상은 시간적으로 분명히 연관이 있다. 예를 들어, 중풍을 앓고 난 후 인지기능의 감퇴를 보이는 경우 혈관성 치매의 가능성이 높다.

알츠하이머형 치매와는 달리 혈관성 치매는 인지기능 감퇴가 갑자기 발생하고 단계적으로 악화되며, 병이 진행되는 동안 임상 양상이나 증상의 심각도가 변동을 보일 때가 많다는 점에서 차이가 있다. 이때 주의해야 할 것은 피질하 영역에서

미세혈관의 장애를 보이는 경우에는 알츠하이머형 치매와 유
사하게 서서히 증상이 발병하고 점진적으로 악화되는 양상을
보이기도 한다는 것이다. 또한 알츠하이머형 치매가 초기에
기억 및 학습 능력의 인지 감퇴를 특징적으로 보이는 것과 비
교하여 혈관성 치매에서는 원인이 되는 뇌혈관 질환 위치나
침범 정도에 따라 나타나는 증상의 종류나 정도, 출현 시기
등이 매우 다양할 수 있다. 흔히 복합 주의력, 그중에서도 정
보 처리 속도의 감퇴가 두드러지며 더불어 실행기능의 저하
가 관찰된다.

### (2) 혈관성 치매의 발전과정과 유병률

혈관성 치매의 경우 뇌의 어느 영역이 손상되었으며 어느 정
도로 손상되었는지에 따라 장애의 양상이 달라진다. 일부 환자
는 조기에 특정한 인지 장애가 나타나는 반면, 어떤 환자는 비
교적 뚜렷한 장애가 없이 유지되기도 한다. 흔히 국소적인 신
경학적 증상이 동반되는데, 예를 들어 한쪽 마비, 구음 장애,
안면마비, 연하곤란, 시력상실, 시야 장애, 보행 장애, 소변 실
금 등이다. 따라서 알츠하이머형 치매에 비해서 장애 초반부터
거동이 불편하고 기본적인 위생관리에 어려움을 겪는 경우가
많다. 치매가 진행되면서는 욕창, 호흡 곤란, 폐렴, 요로 감염,
패혈증 등의 신체적 합병증으로 사망할 수 있다.

혈관성 치매의 유병률은 미국의 경우 65~70세 연령에서는 0.2%에 불과하지만, 80세 이상의 경우에는 16%에 이른다. 동아시아의 경우보다 유병률이 높다고 알려져 있으며, 우리나라의 경우 1.0~4.8%의 유병률이 보고되고 있다. 혈관성 치매의 유병률이 65세 이상에서 급격히 증가하기는 하지만, 사실상 어느 나이에나 발병할 수 있다. 알츠하이머형 치매와 비교해서 비교적 이른 나이에 발병하는 것으로 보이며, 여성보다 남성에게 더 빈번하다는 점에서도 알츠하이머형 치매와 차이가 있다. 뇌졸중 이후 3개월 내에 20~30%의 환자들이 혈관성 치매로 진단된다는 보고가 있다.

## (3) 혈관성 치매의 원인과 위험요인

혈관성 치매는 뇌혈관 질환으로 뇌조직이 손상되어 나타나는 치매를 뜻한다. 따라서 뇌혈관 질환이 치매 증상의 원인과 관련이 있다고 판단되는 증거가 있어야 한다. 뇌단층촬영이나 자기공명영상을 통해 볼 때 대뇌 피질과 피질하 영역에서 혈관 질환이 발견되는 것이 일반적이다. 혈관 질환은 발생 기전에 따라서 뇌혈관이 막혀 발생하는 허혈성 뇌혈관 질환뇌경색과 뇌혈관이 터져서 생기는 출혈성 뇌혈관 질환뇌출혈으로 나눌 수 있다. 대개의 경우, 다발성 경색 치매multi-infarct dementia처럼 뇌혈관 질환이 반복해서 발생함으로써 혈관성 치매가 생기는 경우가 많지만, 때로는 뇌혈관 질환이 주요 뇌 부위에 단한 차례 발생함으로써 치매 증상이 생길 수도 있다.

따라서 혈관성 치매의 근본적 원인은 뇌졸중이나 뇌출혈을 유발하는 원인으로 귀착될 수 있다. 뇌혈관 장애의 주요 원인이 되는 고혈압, 심장질환, 동맥 경화증, 고지혈증, 당뇨병, 알코올 중독, 과도한 흡연, 비만, 심리적 스트레스 등이 역시 혈관성 치매의 원인이 될 수 있다. 따라서 뇌혈관 질환에 대한 위험인자를 교정하거나 조절함으로써 일차적으로 뇌혈관 질환을 줄일 수 있고, 결과적으로 혈관성 치매의 발생도 예방할수 있다.

### 3) 기타 원인에 의한 치매

이 외 다양한 원인에 의해 치매가 발생할 수 있다. 알츠하이머형 치매와 유사하게 전두측두엽 변성, 파킨슨병, 루이소체병과 같은 퇴행성 뇌질환으로 인해 발생한 치매는 인지 감퇴 증상이 서서히 발생하고 점진적으로 진행되는 특성을 보인다.

우선 전두측두엽 변성frontotemporal lobar degeneration으로 인한 치매는 전두측두엽 부위의 퇴화가 원인으로 발생하며, 이에 따라 치매 증상도 행동 및 성격이나 언어 능력의 감퇴를 보이는 것이 특징적이다. 특히 어떤 증상이 두드러지느냐에 따라

세부 변형이 구분되는데, 예를 들어 사회적 상황에 대한 판단
력과 행동 억제 능력이 감퇴되는 행동 변형behavioral variant, 언
어 산출과 명명, 문법 및 언어 이해에서 두드러진 감퇴를 보이
는 언어 변형language variant이 존재한다. 알츠하이머형 치매와
유사하게 증상이 서서히 발생하고 점진적으로 진행되는 특성
을 보이지만, 65세 이하의 비교적 젊은 나이에 발병하며, 기억
및 지각-운동 능력은 상대적으로 잘 보존된다는 점에서 차이
가 있다.

파킨슨병Parkinson's disease은 뇌 흑질의 도파민계 신경이 파괴
되는 질환으로, 흔히 몸이 떨리고 근육이 경직되며 자세가 불
안정해져서 잘 넘어지거나 걷는 도중 발걸음을 옮기지 못하는
보행 동결이 관찰된다. 파킨슨병 환자의 27%가 장애 초반에
경도 신경인지장애를 보이며, 장애 후반에 이르면 약 75%의
환자가 주요 신경인지장애, 즉 파킨슨병으로 인한 치매 상태
에 도달하는 것으로 알려져 있다. 파킨슨병으로 인한 치매 환
자는 흔히 인지 및 운동 지연, 실행기능의 저하와 기억 회상의
장애를 보인다.

루이소체Lewy body로 인한 치매의 경우 주의력 및 각성 변화
와 더불어 인지기능 면에서 심한 변동을 보이며 환자가 자세
히 묘사할 수 있을 정도의 생생한 환시가 특징적으로 나타난
다. 인지 감퇴에 이어서는 파킨슨병과 유사한 운동기능의 저

하가 일어날 수 있다. 이외에도 수면 도중에 꿈 내용을 그대로 행동으로 옮기는 REM 수면행동장애를 보일 수 있다. 루이소체 치매 환자의 약 50%는 항정신병 약물을 처방받는 경우 심한 악화를 보일 수 있으므로, 치매 유형의 감별이 되지 않은 상태에서 이러한 약물을 처방하는 것은 극도의 주의가 필요하다.

유전 질환인 헌팅턴병Huntinton's disease 또한 치매를 일으킬 수 있다. 헌팅턴병은 일반적으로 30대 후반이나 40대 초반에 주로 발병하며, 불수의적이고 빠른 움직임을 보이는 운동 장애가 핵심 증상인데, 이것이 춤추는 듯한 동작으로 보이기 때문에 무도병이라고 불리기도 한다. 운동기능뿐만 아니라 인지와 정서도 점진적으로 퇴화하는데, 초기에는 우울, 불안, 신경질과 같은 행동 및 성격의 변화가 동반되며, 점차 기억 회상, 주의 집중, 행동 수행 및 판단 등에서 어려움을 보이며 혼란된 언어와 정신병적 증상이 나타나기도 한다.

교통사고나 외부 충격 등으로 인한 외상뇌손상traumatic brain injury으로 인해 치매 증상이 나타날 수도 있다. 외상뇌손상으로 진단내리기 위해서는 우선 의식 상실, 외상 후 기억상실증, 지남력 상실과 혼란, 또는 뇌영상에서 손상이 관찰되거나 간질 발작을 보이는 등의 신경학적 사인 중 하나 이상이 나타나야 한다. 이때 치매 증상은 손상된 뇌의 위치와 범위에 따라 달라질 수 있다. 흔히 복합 주의력, 실행기능, 학습 및 기억 능력에서 손상을 보이는 경우가 잦고, 정보 처리 속도의 저하나 사회 인지의 감퇴도 흔하게 관찰된다.

또한 치매는 물질이나 약물치료에 의해서 유발되기도 한다. 치매를 유발할 수 있는 물질은 다양하다. 우선 알코올, 흡입제, 진정제, 최면제, 항불안제 등과 같은 중독성 물질이 치매를 유발할 수 있다. 납, 수은, 일산화탄소, 살충제, 산업용 용해제와 같은 독성 물질도 치매 증상을 유발할 수 있다. 물질이나 약물치료의 중독 또는 금단 상태가 끝난 후에도 신경인지의 결함이 지속될 때, 물질 · 약물치료로 유발된 주요 신경인지장애substance/medication-induced major neurocognitive disorder라고 한다. 흔히 진정제, 최면제, 항불안제 등으로 인해 유발된 치매에서는 다른 인지 영역보다 기억력의 손상이 두드러지는 반면, 알코올로 인한 치매에서는 실행기능 및 기억 · 학습 능력의 손상을 보일 수 있다.

이 밖에도 감염으로 인해서 치매가 발생할 수 있다. 인간 면역결핍 바이러스human immuno deficiency virus: HIV에 감염되어 나타나는 후천성 면역결핍증의 경우 뇌의 백질부와 피질하 영역에 광범위한 파괴가 일어나고 그 결과 HIV 감염으로 인한 주요 또는 경도 신경인지장애major or mild neurocognitive disorder due to HIV infection가 발생하게 된다. HIV 감염자의 약 25%가 경도 신경인지장애를 보이며, 5% 이하에서는 주요 신경인지장애의 진단기준을 충족하는 것으로 알려져 있는데, 이때 주요 증상은 실행기능의 두드러진 손상, 정보 처리 속도의 저하, 주의집중력의 저하, 새로운 정보를 학습함에 있어서 어려움이다. 상대적으로 학습된 정보를 회상하는 데는 큰 문제를 보이지 않으며 유창성이 감소하기는 하지만 실어증과 같은 언어 능력의 감퇴를 보이는 경우도 드물다.

프라이온 병prion disease으로 인한 치매도 존재한다. 프라이온은 바이러스처럼 전염력을 가진 단백질 입자라는 뜻의 합성어로, 사람을 포함해 동물이 이에 감염되면 뇌에 스펀지처럼 구멍이 뚫려 신경세포가 죽음으로써 해당되는 뇌기능을 잃게 된다. 인간 광우병이라는 이름으로 더 익숙한 크로이츠펠트-야콥병Creutzfeldt-Jakob disease이 그 예로, 이 질환에 걸린 환자의 경우 신경인지 결함과 운동 능력의 상실, 무도증과 같은 비정상적인 움직임을 보인다. ◆

# 4. 치매의 진단, 치료와 예방

## 1) 치매의 진단

치매를 진단하기 위해서는 여러 단계가 필요하다. 우선 인지 영역의 감퇴라는 치매의 필수 증상이 존재하는지를 확인하기 위해 환자나 보호자를 대상으로 자세한 문진을 하게 된다. 언제부터 증세가 시작되었고, 어떤 증세가 주로 나타났으며, 지금까지 어떤 변화를 겪어왔는지를 세세히 알아보는 것이다. 또한 인지기능 감퇴로 인해 일상생활에서의 기능 수준은 어느 정도로 저하되어 있는지를 확인하기 위해 병전 기능과 현재 기능에 대한 평가를 하게 된다. 예를 들어, 개인의 위생관리, 옷 입기, 목욕하기, 식사하기 등 기본적인 건강관리 능력, 다양한 사람들과 상호작용하고 인간관계를 유지하는 사회관계 능력, 집을 청소하고 세탁하며 음식을 준비하는 등의 살림살이 능력, 가정회계를 관리하고 재정적 거래 관계를 유지하는 재정적 책임 능력, 직장을 갖고 있다면 직무수행 능력, 이외 여가활동을 즐기는 능력까지도 모두 일상활동 기능에 대한 평가 영역에 들어간다. 이 과정에서 간이정신진단검사(MMSE)와 같은 치매 선별용 검사를 활용하기도 한다. 하지만 선별용 검사는 경미하거나 초기 단계의 치매에 대해서는 틀릴 확률이 높은 편이므로, 진단보다는 시간 경과에 따른 상태 변화의 지표로 더 활용도가 높을 수 있다.

증상에 대해 전반적으로 파악하고 나면 세부적인 치매의 유형을 확인하기 위해 치매의 원인이 될 수 있는 질환의 여부를 탐색하게 된다. 고혈압, 당뇨, 고지혈증, 체중의 급격한 변화, 과거의 신체 질환들, 뇌 손상 여부, 알코올이나 다른 약물에 대한 중독 여부 등이 정확한 진단을 내리는 데 중요한 단서를 제공한다. 이 과정을 통해 치매의 유형을 대략적으로 추정할 수는 있지만 확진을 위해서는 추가적으로 검사들이 더 요구된다.

치매의 세부 유형을 가려내기 위해 신체검사, 신경학적 검사, 실험실 검사, 뇌영상 검사, 신경인지기능 검사가 활용된다. 우선 혈압, 체온, 맥박 등의 기본적인 신체 측정과 감각, 운동 신경이나 근육의 위축, 보행 능력, 반사운동 등 각종 신경학적 기능이 평가된다. 이와 더불어 치매를 유발하거나 악화 요인이 될 수 있는 여러 신체질환 여부를 파악하기 위해 간, 신장, 갑상선 등의 기능 검사, 당뇨검사, 흉부 X 레이, 심전도, 소변검사 등을 시행한다.

뇌의 구조와 기능에 이상이 있는지 알아보기 위해서는 뇌자기공명영상MRI, 뇌컴퓨터단층촬영CT 등의 구조적 뇌영상 검사나 양자방출단층촬영PET, 단일광자방출촬영SPECT 등 기능적 뇌영상 검사를 실시한다. MRI와 CT를 통해 알츠하이머병에서 나타나는 뇌의 위축, 뇌실 확대 등 뇌의 구조적 이상 소견을 확인할 수 있고, 혈관성 치매에서 나타나는 뇌혈관 질환의 증거를 확인할 수 있다. 마지막으로 신경심리검사는 뇌기능과 관련된 다양한 인지기능을 객관적으로 정밀하게 평가하는 검사다. 기억력, 언어 능력, 주의집중력, 판단 능력, 계산 능력, 수행 능력, 시공간 파악 능력 등 여러 인지 영역에 대한 광범위한 평가가 포함되며, 이러한 영역들이 연령별 규준 상에서 실제로 저하되어 있는지를 확인할 수 있도록 도와준다.

## 2) 치매의 치료

우리 사회에서는 치매 현상을 나이가 들면 당연하게 생기는 노화 과정의 일부로 여기는 경향이 있다. 특히 치매 초기에 나타나는 미세한 증상들은 정상적인 노화 현상과 쉽게 구분이 되지 않아 질병으로 간주하지 않는 경우가 많다. 따라서 치매 현상을 무관심하게 방치하거나 적극적으로 치료하려는 노력을 기울이지 않는다.

그러나 치매는 정상적인 노화 현상과 구별해야 할 병적인 현상이며, 모든 노인에게 치매 현상이 나타나는 것은 아니기 때문에 노년기 질병으로 이해해야 한다. 따라서 치매 증세를 보일 때는 가능한 한 빨리 치매 전문병원을 찾는 것이 필요하다. 초기에 치료해야 치매의 악화를 막을 수 있기 때문이다.

치매는 불치병이라고 오해되고 있다. 그러나 이러한 생각은 잘못된 것이다. 치매는 원인에 따라 치료 여부와 치료방법이 달라진다. 치매를 치료하기 위해서는 우선 치매의 원인을 밝히는 일이 중요하다. 일부 혈관성 치매나 다른 신체질환으로 인한 치매의 경우에는 그 원인을 제거하면 증세가 호전될 수 있는 가역성 치매reversible dementia로 여겨지고 있다. 즉, 뇌졸중으로 인한 혈관성 치매는 뇌수술을 통해 뇌손상을 제거하면 인지적 손상이 호전될 수 있다. 또한 알코올 남용, 파킨슨병, 헌팅턴병 등으로 인한 치매는 그 질병이 호전되거나 치료되면 치매 증상도 호전되는 경우가 많다. 현재까지 알려진 치매의 원인 중 치료가 가능한 경우는 약 20~25% 정도다. 상대적으로 알츠하이머형 치매나 다발성 경색치매는 병전 상태로 회복시키기 어려운 비가역성 치매irreversible dementia로 치료가 어려

운 것으로 알려져 있다. 하지만 최근 치매를 유발하는 발생기
제가 조금씩 규명되고 있고 이를 고려한 치료약물이 개발되면
서 치료 가능성이 높아지고 있다.

## (1) 약물치료

우선 알츠하이머병의 근본적인 치료방법은 아직 개발되지
않았지만 증상을 완화시키고 진행을 지연시킬 수 있는 약물이
사용되고 있다. 특히 알츠하이머병의 인지기능 장애가 대뇌
기저부의 콜린성 신경의 손상에 기인한다는 가설에 근거하여,
감소된 아세틸콜린 신경전달물질의 양을 증가시키기 위한 아
세틸콜린 분해효소 억제제가 주로 치료에 사용되어왔다. 타크
린, 도네페질, 리바스티그민, 갈란타민 등이 이에 속하며, 이
들은 뇌손상이 심하지 않은 경도 및 중등도 치매 환자에 보다
효과적이라고 알려져 있다. 이외에도 뇌 신경세포를 손상시키
는 것으로 알려진 글루타민산염의 과잉 분비를 억제하는
NMDAN-methyl-D-aspartate receptor 수용체 길항제를 사용할 수도
있는데, 임상장면에서는 대부분 위의 치료제를 환자 상태에
따라 병용하여 처방하고 있다.

혈관성 치매의 경우 고혈압, 당뇨, 고지혈증, 비만, 흡연 등
혈관 위험 요인에 대한 치료가 가장 중요하다. 따라서 아스피
린 등의 혈소판 응집억제제나 와파린 등의 항응고제, 혈류순

환개선제 등을 투여하여 뇌혈관 질환의 재발이나 악화를 방지
하고자 한다. 또한 인지기능 장애에 대해서는 알츠하이머형
치매와 마찬가지로 아세틸콜린 분해효소 억제제나 NMDA 수
용체 길항제를 사용한다.

인지기능 감퇴 이외에도 치매 환자에게서 흔히 동반되는
정신행동 증상에 대한 치료도 중요하다. 우울, 불안, 초조, 공
격성, 수면장애, 망상 등의 행동 장해가 심한 경우 약물치료를
병행하게 되는데, 환자의 증상에 따라 항정신병 약물, 항우울
제, 항불안제, 진정-수면제 등의 다양한 정신과적 약물이 사
용된다. 이러한 약물치료는 치매의 부수적인 증상인 심리적
증상을 호전시킴으로써 환자의 보호와 간병에도 도움을 줄 수
있다.

### (2) 환경 개입과 심리치료

치매 환자가 나타내는 인지적 손상의 속도는 환경 자극에
따라 달라질 수 있다. 환경 자극이 차단되고 사회적으로 고립
된 상태에서는 인지적 손상이 가속화되는 반면, 적절한 자극
을 통해 인지기능을 반복적으로 사용하게 되면 인지적 손상이
지연되거나 완화된다는 연구 보고가 많다. 따라서 체계적인
지적 활동 프로그램을 통해 치매 환자의 인지적 손상을 방지
할 수 있다. 예를 들어, 일상생활에 중요한 정보를 잊지 않도

록 반복하여 암기하기, 간단한 지적 과제나 게임 하기, 과거 경험을 구체적으로 기억해보기, 가족이나 친척의 이름 외우기, 날짜 확인하기 등과 같은 다양한 지적 활동에 참여하게 하는 일은 증상을 완화시키는 데 도움이 된다.

최근 임상에서는 인지기능의 손상을 지연 또는 보완해줄 목적의 인지 훈련 프로그램을 활용하고 있다. 이는 비교적 접근이 쉬운 컴퓨터를 이용하여 주의력, 기억력, 언어 능력, 실행기능 등의 각 인지 영역을 통합적으로 훈련하여 강화시키는 프로그램들로 이루어져 있으며, 특히 경도 신경인지장애 단계의 환자들에게서 인지 향상의 효과가 상당히 있는 것으로 보고되고 있다.

가족이나 주변 사람과 친밀한 관계를 유지하고 긍정적인 감정을 교류하는 것도 커다란 도움이 된다. 즉, 지속적인 정서적 자극과 다양한 감정 체험은 치매 증상의 악화를 방지하는 효과를 지닐 수 있다. 따라서 치매 환자가 주변 사람들과 원만한 관계를 유지하도록 도울 뿐만 아니라 주변 사람들이 치매 환자를 잘 이해하고 지지적인 태도를 지니도록 유도하는 것이 필요하다. 특히 행동 장해의 경우 종종 불안정한 주변 환경이 원인이 되어 발생할 수 있으므로, 시끄럽고 혼란스러운 물리적 환경, 부적절하고 비판적인 간병인과 같은 정서적 환경 등을 잘 파악하여 조절해줌으로써 이러한 증상을 개선시킬 수 있다. 마지막으로 치매 환자의 자존감 회복 및 정서 안정에 초점을 둔 지지적 심리치료도 도움이 되는데, 예를 들어 음악요법, 미술요법, 원예요법 등을 활용할 수 있다.

## 3) 치매의 예방

치료될 수 있는 가역성 치매의 경우도, 대부분 치매 증상을 일부 개선시키거나 증상의 악화를 늦추는 것일 뿐 증상의 완전한 제거는 어렵다. 그리고 상당한 비율의 치매는 치료가 어려운 비가역성 치매다. 따라서 치매는 무엇보다도 예방이 중요하다.

### (1) 치매 예방을 위한 일반적인 사항

치매 예방의 기본 원칙은 사회적 은퇴와 더불어 무료하고 고립된 삶이 되기 쉬운 노후에도 적절한 신체적·심리적 활동을 지속하는 것이다. 따라서 신체적 활동뿐만 아니라 지적·정서적·사회적 활동이 지나치게 축소되지 않도록 노력하는 것이 중요하다. 특히 알츠하이머형 치매의 경우, 중년 이후에도 인지적·사회적·신체적 활동이 활발할수록 치매의 발병 가능성이 감소한다는 연구결과가 보고되고 있다.

치매 예방을 위한 몇 가지 일반적인 사항은 다음과 같다.

첫째, 은퇴 이전부터 미리 노후 생활에 대한 계획과 준비를 하는 것이 필요하다. 은퇴로 인한 생활 변화가 커다란 충격으로 다가오지 않도록, 노년기 생활에 대한 사전 지식을 습득하고 구체적인 계획을 세워 미리부터 준비하는 것이 좋다.

둘째, 체력과 건강의 유지를 위해 적절한 운동과 신체적 활동을 하는 것이 중요하다. 신체기능이 급속히 노쇠하지 않도록 산책, 등산, 가벼운 운동 등을 규칙적으로 하는 것이 좋다. 또한 다양한 영양소를 균형 있게 섭취하는 식생활도 중요하다. 과도한 음주나 흡연을 삼가고 특히 난청과 시력장애가 있는 사람은 치매로 오인 받지 않도록 적절한 치료를 받는 것이 필요하다.

셋째, 인지적기능을 유지할 수 있도록 적절한 지적 활동을 해야 한다. 새로운 정보나 지식을 자주 접하면서 지적인 대화를 나누는 기회를 자주 가지며 일상생활에 활용하도록 노력하는 것이 중요하다. 독서, 바둑, 장기와 같은 지적인 취미 활동을 하는 것도 좋다.

넷째, 즐겁고 유쾌한 정서적 체험을 하도록 노력한다. 이를 위해서는 가족, 친척, 친구들을 비롯한 주변 사람들과 긍정적인 감정을 교류할 수 있는 좋은 인간관계를 유지하는 것이 중요하다.

마지막으로, 적절한 사회적 활동을 유지하는 것이 중요하다. 이를 위해서 노후에도 절친하게 지낼 수 있는 친구들을 만들어둘 필요가 있다. 이러한 친구집단이나 동호회 또는 종교모임 등에 참여하여 활동함으로써 다양한 주제의 대화와 정서적 교류를 할 수 있는 기회를 갖게 된다.

치매 유형 중 혈관성 치매의 경우 뇌동맥경화나 고혈압을 일으킬 수 있는 생활습관을 고치는 것이 예방에 있어 매우 중요하다. 특히 부모에게 고혈압 증세가 있는 경우에는 젊을 때부터 주의해야 한다. 고혈압의 원인이 되는 소금의 섭취를 줄이고 동물성 지방, 특히 콜레스테롤이 많은 음식을 피하는 등 식생활을 개선할 필요가 있다. 또한 스트레스를 줄이는 것이 중요하다. 스트레스는 고혈압과 뇌혈관 장애에 영향을 미칠수 있기 때문이다. 이를 위해서 과도한 업무와 정서적 흥분을 피하는 것이 좋다. 근본적으로는 지나치게 경쟁적이고 공격적인 삶의 태도를 좀 더 여유 있고 긍정적인 태도로 바꾸는 것이 중요하다.

현재 치매의 조기 발견을 위해 만 60세 이상의 노인을 대상으로 하는 치매 검진이 확대되고 있다. 결국 신체적·정신적 건강을 잘 유지하고 정기적인 의학적 검사를 받는 것이 치매에 대한 기본 예방법이다.

## (2) 부모의 치매 예방을 위해 자녀가 할 수 있는 일

이상에서 일반적인 치매 예방법을 소개했지만, 노인은 치매에 대한 위험성을 잘 모르고 있거나 스스로 치매 예방 노력을 기울이지 않는 경우가 많다. 따라서 이런 경우에는 자녀들의 도움이 필요하다. 부모의 치매 예방을 위해 자녀가 할 수 있는 일은 다음과 같다.

첫째, 사회적으로 고립되지 않고 적절한 대인관계를 유지하도록 돕는다. 가족 간의 대화와 정서적 교류가 소원해지지 않도록 노력해야 한다. 특히 부모와 분가해서 사는 경우에는, 손자녀나 자녀를 자주 만나 즐거움을 나눌 수 있도록 하는 것이 중요하다. 또한 부모가 친척, 친구, 주변 사람들과 교류할 수 있는 기회를 만들도록 노력한다.

둘째, 여러 가지 지적인 자극을 제공해줄 필요가 있다. 예컨대, 재미있는 소설책이나 수필집을 읽도록 권유하거나 가족들 특히 손자녀과 함께 지적인 게임을 할 수 있는 기회를 갖는 것도 좋다. 무엇보다도 부모와의 잦은 대화를 통해 다양한 주제에 대한 기억과 지적 활동을 유지하도록 돕는 것이 중요하다.

셋째, 유쾌하고 즐거운 정서적 경험을 할 수 있는 기회를 자주 만드는 것이 좋다. 자칫 위축되기 쉬운 부모에게 따뜻한 정서적 지지를 통해 편안한 삶이 되도록 노력한다. 특히 손자녀의 재롱을 보며 즐겁고 유쾌한 감정을 체험할 수 있도록 손자녀와 접촉할 수 있는 기회를 자주 만들 필요가 있다.

마지막으로, 부모가 체력을 유지하도록 적절한 운동과 영양 공급에 신경을 써야 한다. 이를 위해 적당히 움직이거나 운동을 할 수 있는 여건과 자극을 제공해야 하고, 균형 있는 영양 공급이 이루어질 수 있는 식생활이 되도록 노력해야 한다. ◆

# 5. 치매 환자 간병하기

　가족 중에 치매 환자가 생기면 가정이나 병원에서 간병을 하게 되는데, 이때 인지기능의 쇠퇴로 인해 여러 가지 문제를 야기할 수 있으므로 간병에 각별한 주의가 필요하다. 아울러 치매는 흔히 잘 치료되지 않아 오랜 기간 간병을 해야 하기 때문에 간병을 하는 사람에게는 많은 인내심과 이해심이 요구된다.

　2008년도 보건복지부에서 시행한 대규모 치매역학조사(조맹제, 2009)에 따르면 치매 환자를 간병하는 사람 10명 중 9명이 환자의 가족이었다. 그리고 4명 중 3명은 심각한 정신적, 경제적 및 신체적 부담을 경험하고 있었는데, 특히 우울 증상을 보이는 경우가 가장 많았다. 간병하는 사람들의 전반적인 삶의 질은 저하되어 있었으며, 환자를 돌보기 위해 직장을 그만두거나 사회활동을 하지 못하고, 간병 관련 서비스를 이용하는 데 드는 비용 지출로 경제적 부담 또한 가중되어 있었다.

구체적으로 치매 환자 1명을 돌보는 데 연 564만 원의 지출을 필요로 하며, 국가 전체로는 연간 2조 3,800억 원 정도가 소요되는 것으로 추산되었다. 따라서 이들의 부담을 덜어주기 위해 치매에 대한 제반 지식과 이를 토대로 한 간병 지침을 교육하는 것이 필요하며, 사회경제적인 지원 또한 절실하다.

치매 환자를 간병할 때 가족을 포함해서 간병하는 모든 사람이 고려해야 할 주요 간병 지침은 다음과 같다.

## 1) 가족의 태도

가정에 치매 환자가 발생하면 가족 모두가 커다란 영향을 받게 된다. 특히 치매 환자를 가정에서 간병할 경우에는 가족들이 여러 가지 어려움에 처할 수 있다. 이 경우에는 무엇보다도 먼저 치매 환자를 대하는 올바른 태도와 마음가짐을 지니는 것이 중요하다.

첫째, 가족구성원들은 치매에 대한 정확한 정보와 지식을 알아두어야 한다. 여기에는 치매의 주된 증상, 경과, 치료방법, 간병 지침 등 전반적인 정보가 포함된다. 특히 가정에서 간병하는 경우, 간병을 주로 담당하는 사람은 치매에 대한 상세한 정보를 알고 있어야 효과적으로 환자를 관리할 수 있고 자신도 스트레스를 덜 받을 수 있다.

둘째, 가족들은 치매 환자를 치매라는 심각한 질병을 지닌 '환자'로 보아야 한다. 치매 환자는 과거의 모습과는 다른, 여러 가지 문제 행동을 보일 수 있다. 따라서 과거에 알고 있던 정상적인 어머니 또는 아버지의 모습을 기대해서는 안 된다.

치매 환자는 인지기능의 감퇴로 인해 엉뚱한 행동과 실수를 자주 할 뿐만 아니라, 성격이 괴팍하게 변하고 때로는 정신병적 증세를 나타낼 수도 있다. 따라서 가족들은 치매 환자가 도저히 이해할 수 없고 기가 막힐 정도로 부적절한 행동을 하더라도 이를 치매 증상이라고 생각하고 이해하려는 노력을 해야 한다. 이러한 행동을 환자의 인격과 관련짓거나 의도적 행동이라고 생각하게 되면, 환자에게 실망과 분노를 느끼게 되어 적절한 간병이 어렵다.

셋째, 가족들은 치매 환자에 대해서 느끼게 되는 실망감, 분노감, 죄책감 등의 감정을 잘 처리해야 한다. 치매가 점차 진행되면서 환자를 간병해야 하는 시간이 늘어날수록 환자에 대한 실망감과 분노감이 감당하기 어려울 만큼 증가하여 때로는 환자에게 핀잔을 주거나 화를 내게 된다. 또한 환자로부터 빨리 해방되었으면 하는 생각을 하게 되는 한편, 이러한 생각으로 인해 죄책감을 느껴 심한 심리적 갈등에 휩싸일 수 있다. 그러나 이러한 감정은 치매 환자를 간병하는 사람이 공통적으로 느끼는 자연스러운 현상이다. 따라서 이러한 감정을 솔직히 인정하고 불필요하게 자신을 책망하지 않도록 해야 한다.

넷째, 치매 환자의 간병은 가족 간에 책임을 분담하는 것이 좋다. 치매 환자의 간병은 육체적으로나 심리적으로 매우 힘든 일이며, 질병의 특성상 장기 치료를 요구하므로 어느 한 사람만이 전담하여 간병하는 것은 무리다. 따라서 가족 간에 계획을 세워 환자 간병의 책임뿐만 아니라 경제적인 부담도 함께 나누어야 한다. 흔히 치매 환자의 간병 책임을 서로 미루거나 소홀히 하여 가족 간의 갈등이 파생되는 경우가 있다. 따라서 간병하는 가족의 고충을 다른 가족들이 충분히 이해하고 서로 위로하며 격려하는 것이 필요하다.

마지막으로, 치매 환자를 가정에서 간병할 여건이 안 되거나 환자의 증세가 심할 경우에는 치료시설에 입원시키는 것도 고려해보아야 한다. 대부분 자녀들은 치매에 걸린 부모를 치료시설에 입원시키는 것에 대해서 거부감과 죄책감을 느낀다. 그러나 장기간의 세심한 간병이 필요한 치매 환자를 가정에서 지속적으로 간병하는 것이 무리인 경우가 많다. 간병 과정에서 치매 환자에 대한 부정적인 감정만 키워나가고 가족 간의 갈등이 증폭되는 것보다는, 치료시설에서 효과적인 간호와 치료를 받는 것이 환자와 가족을 위해서 현명한 선택일 수 있다.

## 2) 치매 환자의 간병 지침

치매 환자는 일상생활에서 여러 가지 어려움을 겪게 된다. 가장 기본적인 의식주 생활을 위시한 자기관리나 의사소통에 어려움을 겪을 뿐만 아니라 여러 가지 실수와 사고를 유발하여 신체적 손상을 입는 경우도 많다. 이로 인해 치매 환자는 자존감에 상처를 입고 정서적인 혼란에 빠져 증세가 악화되기도 한다.

이러한 치매 환자를 간병하는 일은 세심한 주의와 배려가 요구되는 매우 힘든 일이다. 가정에서 치매 환자를 간병할 경우, 간병인은 다음 사항을 고려해야 한다.

### (1) 환자의 안전을 돕고 사고 예방하기

간병인은 무엇보다도 먼저 치매 환자의 안전과 사고 예방을 위해 세심한 주의를 기울여야 한다. 치매 환자는 기억력 및 판단력의 상실과 운동기능의 저하로 인해 크고 작은 실수를 하고 사고를 일으켜 신체적 손상을 입는 경우가 많다. 또한 자기 자신뿐만 아니라 가족에게 피해를 줄 수 있는 다양한 문제를 야기할 수 있다. 현실판단력의 손상으로 기물을 손상하거나 화재를 일으킬 수도 있고, 정신병적 증상이 겹치게 되면 타인에게 공격적인 행동을 나타낼 수도 있다. 따라서 간병인은 이러한 사고를 예방할 수 있도록 사전에 가정 안팎의 위험요소를 제거하고 주위를 정리 정돈하여 환자를 안정시키는 것이 중요하다. 주변 환경의 개선을 위한 구체적인 내용은 다음과 같다.

첫째, 치매 환자는 집안의 문턱이나 전선에 발이 걸려 넘어지기 쉬우므로, 문턱을 낮추고 전선을 벽 쪽에 고정시키는 등 넘어지기 쉬운 곳을 점검한다. 계단에는 손잡이를 설치하고, 계단이나 마루에는 흡착 매트나 미끄럼방지 왁스를 발라두며, 변기 옆이나 벽에 손잡이를 설치한다.

둘째, 치매 환자가 목욕탕에 혼자 남아있지 않도록 주의한다. 욕실문은 안에서 잠그지 못하게 잠금장치를 빼고, 욕실바닥에는 고무 매트를 깔아둔다. 또한 수도꼭지는 냉·온수의 구분을 분명하게 해둔다.

셋째, 부엌의 가스관은 밖에서 잠가두도록 하며, 가스레인지 옆에는 휘발성 가연물을 두지 않는다. 화재를 예방하기 위해 방마다 연기탐지기를 설치하는 것이 좋다. 감전사고가 일어나지 않도록 낮은 위치의 전기코드에는 안전커버를 설치하며 수시로 전기장치나 가스관을 점검하도록 한다.

넷째, 칼처럼 날카로운 물건이나 성냥과 같은 인화성 물질은 보이지 않는 곳에 잘 보관한다. 간혹 비닐봉지를 뒤집어써서 질식사고가 날 수 있으므로 손이 닿지 않는 곳에 둔다.

다섯째, 냉장고에 오래된 음식을 두지 않는다. 치매 환자는 약물, 치약, 화장품, 향수, 로션, 샴푸, 비누, 세제, 냉장고에 붙이는 과일이나 채소 모양의 자석 등을 먹는 것으로 착각하고 삼킬 수 있으므로 따로 잘 보관한다. 특히 술은 치매를 악화시키므로 보이지 않는 곳에 보관한다.

여섯째, 보석, 반지, 시계 등과 같은 귀중품을 버리거나 훼손하는 경우가 있으므로 잘 보관하고, 배수구에 망을 씌워 두는 것이 좋다. 틀니를 사용하는 환자라면 예비 틀니를 준비해 놓는다.

일곱째, 치매 환자가 방 안에서 문을 잠글 수 있으므로 방 열쇠나 대문 열쇠는 2개를 준비한다. 특히 환자를 혼자 집안에 남겨두고 외출할 때는 반드시 비상 열쇠를 지참하도록 한다.

여덟째, 치매 환자는 혼자 집을 나가 배회하다가 길을 잃는 경우가 많으므로 환자 혼자 집 밖으로 나가는 일이 없도록 주의한다. 아울러 신분을 알아볼 수 있도록 환자에게 이름, 주소, 전화번호 등이 적힌 명찰이나 목걸이를 항상 지니고 다니게 하고, 파출소, 동사무소, 주변 상점 등에 치매 노인이 길을 잃을 수 있다는 점을 미리 알려둔다.

아홉째, 만일의 경우에 대비하여 가까운 병원이나 구급기관의 긴급연락처나 전화번호를 적어둔다.

## (2) 환자의 규칙적이고 안정된 생활 돕기

치매 환자는 사소한 변화나 자극에도 심리적인 혼란을 경험하기 쉽다. 따라서 가능하면 일상생활을 규칙적으로 하게 하여 안정감을 가질 수 있게 하는 것이 좋다. 규칙적인 생활은 환자가 심리적인 안정감을 느낄 뿐만 아니라 간병인도 매일 새롭고 번거로운 일을 해야 하는 부담을 줄일 수 있다. 이를 위해서 환자가 평상시의 의식주 생활을 좀 더 편안하게 할 수 있도록 규칙적인 순서와 배열을 해두는 것이 바람직하다. 이와 관련해서 간병인이 참고해야 할 사항을 소개하면 다음과 같다.

첫째, 치매 환자가 쉽고 편하게 입을 수 있도록 옷을 입는 순서대로 놓아둔다. 입기 힘든 옷은 피하고, 앞뒤 구분이 없거나 고무줄로 된 바지 등 편한 옷을 준비한다.

둘째, 치매 환자는 자신이 식사를 했는지를 기억하지 못하거나, 운동기능의 손상으로 식기 사용에 어려움을 겪을 수 있다. 따라서 규칙적인 시간에 식사하도록 하고 음식을 천천히 서두르지 않고 조금씩 먹도록 배려해준다. 환자가 손으로 편하게 집어먹을 수 있는 식사를 준비하거나 음식을 잘게 썰어 목이 막히지 않도록 배려한다.

셋째, 치매 환자가 대소변을 규칙적으로 잘 가리도록 돕는다. 이를 위해서 화장실에 갈 시간표를 만들어놓거나, 보행 장애가 있는 경우에는 방에 간이 변기를 준비해준다. 밤에 대소변을 보지 않도록 가능하면 잠자기 전에 음식이나 음료수의 섭취를 제한한다.

넷째, 치매 환자가 세면, 양치질, 목욕 등을 규칙적으로 하게 한다. 가능하면 환자 자신이 평소에 씻던 시간에 목욕할 수 있도록 하며, 늘 해오던 익숙한 방식으로 목욕을 시킨다.

다섯째, 환자가 쓰던 물건은 제자리에 놓아 친숙한 환경을 유지해준다. 시각적 혼란을 주면 증세가 악화될 수 있으므로 가구 배치는 가능하면 바꾸지 않는다. 한편, 치매 환자는 거울에 비친 모습을 보고 놀랄 수 있으므로 거울을 두지 않는 것이 좋다.

여섯째, 치매 환자는 낯선 사람이나 외부인을 만나면 두려워하므로 이러한 사람들과 갑작스럽게 접촉하지 않도록 주의한다. 또 폭력적이고 자극적인 TV 프로그램은 치매 환자에게 혼란을 줄 수 있으므로 멀리하는 것이 좋다.

### (3) 환자의 자존감 지켜주기

치매 환자는 자신의 인지적기능이 손상되어 잦은 실수를 하고 타인의 도움에 의지해야 한다는 점 때문에 자존감에 상처를 입게 된다. 따라서 간병인은 치매 환자를 인격적으로 존중해주고 환자가 스스로 할 수 있는 일은 가능한 한 스스로 하도록 격려할 필요가 있다. 아울러 가족 활동에서 치매 환자를 배제하여 소외감을 느끼는 일이 없도록 세심하게 배려해야 한다. 환자의 자존감 유지를 위해 배려해야 할 사항들은 다음과 같다.

첫째, 환자가 일상생활에서 스스로 자립할 수 있도록 돕는다. 옷 입기, 식사, 목욕, 배변, 보행 등과 같은 일상생활에서 환자가 할 수 있는 부분은 스스로 할 수 있도록 도와줌으로써 환자의 자존심을 지켜주고 또한 간병인의 부담도 줄일 수 있다. 특히 환자는 목욕과 배변 시에 다른 사람의 도움을 받는 것을 수치스럽게 느낄 수 있다. 따라서 환자 자신이 닦을 수 있는 부분은 자신이 하도록 해준다. 환자가 수치감을 느끼지 않도록 신체 부위를 부분적으로 가려주거나 환자의 부끄러움에 대해서 솔직하게 이야기를 나누는 것이 좋다.

둘째, 환자에게 간단하고 쉬운 일을 주어 자신의 능력을 확인하게 해준다. 그러나 감당하기 힘든 복잡한 일이나 선택권이 너무 낮은 일은 환자에게 혼란을 초래하여 증상을 더 악화시킬 수 있으므로 피해야 한다.

셋째, 간병인은 치매 환자의 증세가 아무리 악화된 상태라 하더라도 하나의 인격체임을 잊지 말아야 한다. 환자가 있는 곳에서 다른 사람에게 환자의 증세나 실수를 부정적으로 이야기하거나 자신의 고충을 함부로 이야기하지 않도록 주의해야 한다.

넷째, 환자가 가족으로부터 소외감을 느끼지 않도록 가족 모두가 환자와 접촉을 유지하도록 한다. 환자가 방 안에 오랫동안 혼자 남겨져 있지 않도록 하며, 가족과 함께 TV를 보거나 대화를 나누는 일에 참석하게 한다. 아울러 유원지나 교외에 놀러 갈 때도 가능하면 함께 가도록 하며, 밀접한 관계에 있었던 사람과 만날 수 있도록 해준다.

## (4) 환자의 기능 유지를 지원하기

치매 환자는 인지적 · 신체적 기능에서 현저한 감퇴를 보이지만 여전히 잘 보존되어 있는 여러 가지 능력을 지니고 있다. 따라서 환자의 남아있는 능력이 최대한 발휘될 수 있는 기회를 자주 만들어주는 것이 좋다. 이것은 치매 환자의 제반 기능이 감퇴되는 것을 방지할 뿐만 아니라 환자의 자존감 유지에도 도움이 된다.

첫째, 환자의 기억을 되살릴 수 있도록 돕는다. 환자와 잦은 대화를 통해서 잊혀가는 과거의 기억을 회상할 수 있도록 유도한다. 가족이나 친구의 사진을 자주 보여주며 옛날이야기를 하는 것도 한 방법이다. 또는 일상생활에 필요한 내용예: 사람 이름, 하루 일과, 물건 이름 등을 반복적으로 확인하여 잊지 않도록 한다. 때로는 중요한 이름, 단어, 일과목록 등을 적어서 붙여

놓고 수시로 재확인할 수 있도록 하는 것도 도움이 된다.

둘째, 환자의 의사소통 능력이 유지되도록 돕는다. 환자와 이야기를 나눌 때는 환자가 이해하기 쉽도록 분명한 발음과 간단한 문장으로 말한다. 환자가 말을 많이 하도록 유도하며, 부정확한 표현을 할 때는 정확한 의미를 확인하여 적절한 표현을 하도록 격려한다.

셋째, 환자에게 규칙적인 계획을 짜서 적절한 활동을 하게 하여 자신의 능력과 가치감을 확인할 수 있게 한다. 예를 들어, 환자가 젊은 시절에 했던 직업과 관련된 쉬운 일을 할 수 있도록 유도한다. 또는 치매 발병 이전에 즐겼던 취미활동이나 운동을 보다 쉬운 방법으로 할 수 있도록 도와준다.

넷째, 환자는 자신의 능력이 감퇴한 것을 보이지 않으려고 어떤 일에서나 소극적인 태도를 보이게 된다. 따라서 가족이나 간병인은 환자가 한 사소한 일에 대해서도 격려와 칭찬을 아끼지 말고 분명하게 표현해주는 것이 중요하다.

### (5) 환자의 위생과 건강 보살피기

치매 환자는 운동기능의 감퇴로 인하여 위생과 건강 유지에 필요한 행동을 하지 않게 되며, 치매 증세가 심화됨에 따라 여러 가지 신체적 문제와 질병이 나타나게 된다. 따라서 간병인은 환자의 신체적 건강에 세심한 주의를 기울여야 한다.

첫째, 치매 환자가 규칙적인 운동을 하도록 돕는다. 치매 환자에게는 산책이 가장 무난한 운동이므로 굽이 낮고 바닥이 푹신한 신발을 신고 완만한 코스를 일정한 시간(왕복 30분 내외) 동안 산책하도록 하는 것이 좋다. 보행 장애가 심하거나 몸의 균형을 잡을 수 없는 환자는 앉거나 누워서 할 수 있는 운동을 하게 한다.

둘째, 치매 환자의 위생을 위해서 목욕과 구강위생에 신경을 써야 한다. 치매 환자는 목욕하는 것을 잊어버리거나 타인의 도움을 받아야 한다는 수치심 때문에 목욕을 하지 않으려는 경우가 많다. 따라서 목욕이 즐겁고 기분 좋은 일로 느껴지도록 자연스럽게 유도한다.

셋째, 거동이 불편한 치매 환자는 오래 누워 있기 때문에 몸에 피부염이나 욕창이 생기기 쉽다. 따라서 목욕 후에는 피부병이나 상처가 생기지 않았는지 환자의 몸을 살펴보고 손톱과 발톱의 청결 상태를 확인한다.

넷째, 담배는 환자의 건강을 해치고 화재의 위험성이 있으므로 삼가도록 한다. 적당한 양의 술은 별 영향이 없지만 과도한 음주는 삼가는 것이 좋으며, 특히 약을 복용하는 환자는 주의해야 한다.

다섯째, 간병인은 환자의 건강 상태에 늘 주의를 기울여야 한다. 예를 들어, 고열, 맥박 급증, 구토와 설사, 호흡곤란, 체중 감소 등의 신체적 변화가 나타날 때는 의사의 진찰을 받도록 해야 한다.

## (6) 환자와 간병인의 좋은 관계 유지하기

치매 환자를 간병하는 일은 육체적으로나 정신적으로 매우 힘든 일이기 때문에 아무리 이해심이 많은 간병인이라 하더라도 치매 환자에 대해서 혐오감과 분노를 느낄 때가 많다. 예컨대, 치매 환자는 때로 환각이나 피해망상으로 인해 물건을 둔 곳을 잊어버리고 간병인이 가져갔다고 생떼를 쓰거나 억울한 누명을 씌우는 경우가 종종 있다. 이런 일이 자주 발생하게 되면 간병인은 치매 환자에게 화를 내게 되고, 그 결과 환자와 갈등관계로 발전하기 쉽다. 따라서 간병인은 자신의 신체적 · 정신적 건강에 유의해야 하며, 특히 치매 환자와 좋은 관계를 유지하도록 노력해야 한다. 치매 환자를 싫어하고 미워하게 되면 간병하는 일이 더욱 고통스럽고 괴로워질 뿐이다.

첫째, 환자와 감정적으로 대립하지 않는 것이 좋다. 치매 환자가 나타내는 실수나 공격적 행동이 간병인에게는 자신에 대한 의도적이고 적대적인 행위로 생각될 때가 있다. 이렇게 생각되면 환자에 대한 부정적 감정이 생겨날 수 있다. 그러나 환자의 이러한 부적절한 행동은 의도적인 것이 아니라 치매라는 심각한 질병으로 인해 생긴 것이라는 점을 명심하고, 환자와 부질없는 말다툼을 하지 않도록 조심해야 한다.

둘째, 환자가 환각과 망상으로 인하여 간병인을 의심하고 화를 내더라도 덩달아 흥분하지 말고 여유 있는 태도를 지니는 것이 필요하다. 예컨대, 환자가 계속해서 물건을 잃어버렸다고 주장할 경우에는 이를 부정하기보다는 함께 찾아보는 노력을 보여주는 것이 바람직하다.

셋째, 간병인은 유머 감각을 잃지 않는 것이 중요하다. 병으로 인해 환자가 저지르는 크고 작은 실수에 대해서도 가볍게 웃음으로 넘겨버릴 수 있는 여유로운 태도가 필요하다. 이를 통해서 간병인과 환자는 과도한 긴장 상태에서 벗어날 수 있으며 스트레스를 해소할 수 있다.

넷째, 간병인은 치매 환자가 인생의 말기에 치매라는 무서운 질병에 걸려 고통받고 있는 사람이라는 점을 잊지 말아야 한다. 자신의 도움을 절대적으로 필요로 하는 존재라는 점을 상기하면서 이들에게 인내심을 가지고 대해야 한다. 아울러 간병인은 자신의 육체적·정신적 건강을 유지하도록 유의해야 한다. 모든 가족은 치매 환자뿐만 아니라 간병인이 겪게 되는 고통을 함께 나누고 위로하며 간병의 책임을 함께 지는 노력이 필요하다. ◆

# 노년기
# 심리장애

**3**

# 1. 노년기에 찾아오는 심리적 문제

　아직도 많은 노인이 우울하거나 기운이 없을 때, 혹은 불안할 때 그저 '늙어서 그렇다' '얼마나 살 거라고… 그냥 이렇게 살다 가면 되지'라고 생각하는 경우가 있다. 그러나 노인들이 겪는 심리적 문제는 노화로 인해 필연적으로 나타나는 현상은 아니다. 신체적 쇠퇴, 감각 및 신경학적 손상, 사회적 스트레스의 누적 등으로 인해 노인이 다른 연령집단보다 정신장애에 취약할 수 있지만, 삶의 지혜와 축적된 경험을 바탕으로 젊은 이들보다 정신적으로 더 건강하고 성숙한 삶을 영위할 수도 있다.

　앞서 2장에서 뇌의 노화와 직접 관련된 기질적 장애에 대해 자세히 다루었으므로, 3장에서는 심리사회적 유발요인을 비중 있게 고려해야 하는 노년기의 주요 심리장애들을 소개하고자 한다.

평균 수명은 점차 늘어나는데 은퇴 연령은 앞당겨지고 있는 요즘의 추세를 생각할 때, 어떻게 하면 연장된 노년기의 삶을 건강하고 행복하게 가꾸어나갈 수 있을지 고민하는 것은 매우 중요한 일이다. 관련된 첫 번째 질문은 바로 "아프지 않고 건강하게 지낼 수 있도록 어떻게 효과적으로 예방할 것인가"다. 노년기의 신체적인 쇠약함은 놀라울 정도로 발전한 의학기술로도 막을 수 없지만, 심리적인 어려움은 유발 원인을 충분히 잘 알고 대비했을 때 예방할 수 있는 여지가 상대적으로 많다. 따라서 노년기의 심리적 특성과 노년기에 취약할 수 있는 심리적 장애들을 중심으로 지식을 습득할 필요가 있다.

청·장년기의 심리장애와 노년기의 심리장애 사이에는 몇 가지 측면에서 다른 특징을 보인다. 장애의 발병에 선행하는 심리사회적 스트레스가 다를 수 있고 증상의 표현 양상이 다를 수 있으며, 같은 증상이라도 그 의미가 조금씩 다를 수 있다. 예를 들어, 우울장애의 증상은 연령에 따라 다르게 나타나는데, 아동의 경우에는 품행상의 문제행동으로 표현되기도 하지만 노인의 경우에는 불안이나 초조, 신체 증상으로 표현되는 경우가 많다. 따라서 노년기 심리장애를 진단하는 데 있어서 일반적인 기준을 참고하되 노년기의 특수성을 함께 고려해야 한다.

이 장을 기술하면서 필자들이 빠지게 되는 딜레마가 있다.

노년기의 심리장애를 기술하자면 각 장애별로 세부적인 진단 기준과 임상적 특징들, 원인 및 치료에 대해서 기술할 필요가 있는데, 그러기에는 지면에 상당한 제한이 따르고, 이는 이 책이 목적하는 바도 아니다. 이상심리학 시리즈의 다른 책들에서 각각의 장애에 대해 상세히 소개하였기 때문에, 여기서는 각 장애들에 대해서 개략적으로만 소개하기로 하고, 주로 노년기 장애의 특수성에 역점을 두어 기술하고자 한다. ❖

# 2. 우울장애

2013년에 DSM-5가 출시되면서 우울장애depressive disorders
는 기분장애에 속하는 하위장애가 아니라 양극성 장애와 구별
되는 독립적인 장애로 새롭게 정의되었다. 또한 우울장애의
하위유형에도 다소 변화가 있었는데, DSM-5(2013)의 우울장
애 하위진단으로는 파괴적 기분조절부전장애, 주요우울장애,
지속성 우울장애, 월경전불쾌감장애, 물질/약물치료로 유발
된 우울장애, 다른 의학적 상태로 인한 우울장애 등이 포함된
다. 아직 변화된 진단체계에 근거한 경험적 연구들이 충분히
축적되지 않았지만, 새롭게 추가된 하위장애들은 노년기보다
는 아동기나 여성의 특수성이 반영된 것이기 때문에 기존의
이론 및 연구를 통해 설명하는 데 무리는 없을 것으로 판단
된다.

　과연 노년기의 우울장애는 다른 연령대의 그것과 다른 점

이 있는가? 오랫동안 일반적으로 노년기와 관련하여 가지고 있던 편견 중 하나는 '노인은 젊은 사람보다 일반적으로 더 우울하다'이다. 그러나 한편으로 요즘 젊은이들의 취업난이나 생활고가 과거에 비해 심각하고 무거워지고 있음을 감안할 때 오히려 '노인이 젊은 사람보다 덜 우울하다'고 예상할 수도 있다.

노인은 젊은 사람과 마찬가지로 기쁨, 슬픔, 분노, 불안, 죄책감 등의 정상적인 감정을 똑같이 느낀다. 대부분의 노인은 젊은 사람들처럼 자신의 삶에 만족하며, 은퇴 후 노후생활을 즐기고 가족이나 친구관계와 취미생활을 즐긴다. 노인이 되면 배우자를 잃고 신체적 건강을 상실할 가능성이 더 많기는 하지만, 그렇다고 해서 노년기가 슬픔과 우울의 시기인 것은 아니다.

우울장애의 진단기준을 충족시키지 못하는 정도의 우울 증상들을 보이는 노인은 약 15% 정도로 많다고 보고되고 있지만, 이들 중에서 우울장애의 진단기준에 맞는 경우는 그리 많지 않다. 주요우울장애와 기분부전장애를 포함하는 우울장애가 노인들에게서 가장 흔한 문제인 것은 사실이지만, 일반적인 인식과는 달리, 최근의 연구결과들은 우울장애의 유병률이 장년기보다는 노년기에서 오히려 더 낮은 것으로 보고되고 있다. 65세 이상의 노인들 중에서 주요우울장애의 유병률은 대략 1%, 기분부전장애의 유병률은 약 2% 정도로 추정되고 있다. 이는 장년기의 유병률에 비해서 오히려 더 낮은 수치다.

그러나 배우자와의 사별, 빈약한 사회적 지지, 경제적 문제, 역할의 상실 등으로 인해 노인이 더 우울해질 수 있는 소지는 많다. 더구나 노인의 경우 신체적 질병을 지니고 있는 경우가 많은데, 이러한 신체적 질병에 대한 반응으로 우울 증상이 동반되는 경우는 흔하게 관찰할 수 있다. 치매, 파킨슨병 등의 신경학적 질환, 내분비계통의 질환, 악성 종양, 뇌혈관 질환이나 심장혈관계통의 질환 등으로 인해 나타나는 기능 상실과 불편감에 대한 반응으로 우울장애의 증상들이 동반되는 경우는 흔하다.

맥아더 재단의 성공노화successful aging 연구[2]에 따르면, 주요 우울장애가 젊은 연령 집단에서보다 65세 이상 노년 집단에서 더 적게 발생했다. 즉, 노년 집단의 우울장애 평생 유병률은 1%인 데 반해 젊은 성인의 유병률은 6%로 훨씬 높았다. 이처럼 우울장애가 젊은 사람보다 노년기에 더 흔히 발병하는 질환이 아님에도 우리가 노년기의 우울장애를 주의 깊게 다루어

---

2 미국에서 70~79세 노인을 대상으로 성공적인 노화 과정에 기여하는 생활습관 등을 조사한 대규모 단면연구다.

야 하는 이유는, 우울장애가 노인에게 더 치명적인 영향을 미칠 수 있기 때문이다. 예를 들면, 주요우울장애가 있는 노인은 동일한 신체 질병이 있는 우울하지 않은 노인에 비해 그 신체적 질병으로 인해 사망하는 시기가 더 빠르다는 연구결과가 보고되었다. 게다가 노인의 자살 시도가 다른 연령 집단보다 성공률이 높은데, 자살 시도자의 거의 절반이 성공한다고 한다. 우울감은 자살의 주요한 원인을 제공하기 때문에 노년기의 우울장애 예방이 무엇보다 중요함을 시사하는 결과다.

다만 노화의 자연스러운 결과로서 우울장애의 일부 증상들이 나타날 수 있는데, 이는 정상적인 반응으로 간주해야 한다. 가령 생물학적인 노화의 결과로 활력과 활동 수준의 감소가 나타날 수 있다. 노화와 관련된 신체 질병으로 인해 피로감과 수면장애, 식욕부진이 초래될 수도 있다. 또한 신체기능이 점차 퇴화함에 따라서 슬픔을 느끼고 비관적인 태도를 지닐 수 있으며 일부 취미활동을 포기해야만 하는 경우가 있는데, 이는 드문 일이 아니다.

임상장면에서 한 노인을 우울장애로 진단하기 위해서는 앞에 열거한 증상 중에서 많은 증상을 경험해야 한다. 즉, 우울 '증후군'이 존재할 때에만 우울장애로 진단할 수 있는 것이지, 일부 증상들이 보인다고 해서 우울장애로 진단해서는 안된다.

## 🔑 우울증의 증상

### 1. 우울한 기분

우울하고 슬픈 기분을 느끼며 그러한 기분이 상황에 의해서 크게 영향을 받지 않는다. 기분은 하루 중에도 다소간의 변화를 보일 수 있는데, 많은 경우 아침에 더 기분이 저조하다.

### 2. 흥미의 상실

이전에는 재미있었던 활동이 더 이상 흥미롭지 않으며, 인생에서 즐거운 일이 없는 듯 느껴진다. 가족이나 친구와의 관계를 피하고, 이전에 즐거움을 주었던 활동들을 소홀히 하게 된다.

### 3. 활력의 감소와 피로감

힘든 일을 한 게 아닌데도 지속적인 피로감을 경험하며, 사소한 일조차도 완수하기 어렵다고 느끼고, 동기와 활력이 감소한다. 정신운동 속도의 지체가 나타나는데, 신체 동작이 느리고, 말도 느려지며, 단조롭고, 말수가 적어진다.

활동의 감소와 정신운동 지체가 나타나기보다는 초조감이 더 현저한 증상으로 나타나는 경우도 있다. 이때는 한자리에 가만히 앉아있기가 힘들고, 안절부절못하여 이리저리 왔다갔다 하며, 손발을 흔들며 무엇인가를 집었다 놓았다 하기도 한다.

### 4. 주의집중력의 감소

노력을 요하는 과제에 주의를 집중하기가 어렵고, 기억력의 감퇴를 호소하며, 우유부단함을 보인다.

### 5. 자존감과 자신감의 감소

자기 자신을 부정적으로 생각하며, 어떤 주어진 과제를 해낼 수 없을 것처럼 느낀다.

### 6. 죄책감과 무가치감

자신을 나쁜 사람 혹은 무가치한 사람이라고 생각한다. 부정적인 결과에 대해서 자신의 탓으로 돌리며 자책한다.

### 7. 미래에 대한 비관적 견해

현재의 상황이 미래가 된다고 해서 변화되지 않을 것이라고 생각하며, 미래 역시 즐거움과 희망이 없을 것으로 생각한다. 치료를 받는다고 해서 자신이 변화될 것이라고는 생각하지 않으며, 무력감과 절망감을 느낀다.

### 8. 자해/자살의 생각/행동

우울한 사람들은 종종 더 이상 아무런 희망이 없다고 느끼며 죽음만이 현재의 고통을 종식시킬 수 있을 것으로 생각한다. 자해 혹은 자살을 생각하고, 때로 자해 혹은 자살을 기도하기도 한다.

### 9. 수면장애

잠들기 어렵거나, 깊이 잠들지 못하고 도중에 자주 깨거나, 혹은 새벽에 일찍 깨서 더 이상 잠들지 못하는 등의 수면장애가 나타난다. 평소보다 두 시간 이상 일찍 깨서 더 자고 싶어도 더 이상 잠들지 못하는 경우 심한 우울증일 가능성이 높다.

### 10. 식욕의 감퇴

식욕이 없고, 식사량이 줄며, 종종 체중이 감소한다.

## 1) 노년기 우울장애의 임상 양상

우울장애의 주요 증상은 우울과 슬픔, 자기가치감의 상실, 의욕 및 동기의 저하, 피로감 등이다. 이런 증상들은 연령과 상관없이 우울장애의 공통적 증상들이다. 노인학자들은 노년기에 늦게 나타나는 증상을 후기 또는 노인성 우울증이라 지칭하고 있으나, 전반적으로 볼 때 노년기 우울장애의 임상 양상은 젊은 사람의 양상과 본질적으로 큰 차이를 보이지 않는다. 그러나 연구결과들에 의하면, 노년기 우울장애는 젊은 사람의 우울장애에서보다 수면장애가 더 많이 나타나고 신체 증상의 호소와 건강에 대한 지나친 염려, 초조감을 드러내는 경우가 더 많다. 또한 죄책감, 적대감과 자살사고가 적은 대신, 정신운동 지체와 체중 감소가 더 심각하고 실제적인 기능 저하와는 관계없이 주의집중력과 기억력 등 인지기능의 저하를 호소하는 경우가 많다.

### (1) 치매와 우울장애

노년기 우울장애와 치매는 드러나는 증상 양상이 유사하여 이 둘 사이를 감별하는 것이 쉽지 않은 경우가 많다. 치매 환자에게서 우울 증상과 유사한 증상들이 나타나는 경우도 많고, 주요우울장애 노인 환자가 인지기능의 손상을 호소하는 경우도 많다. 우울장애는 비가역적인 신경인지장애와는 달리 회복 가능성이 월등히 높다는 점에서, 두 장애의 감별진단은 매우 중요한 문제다.

치매 초기에는 우울장애의 생장 증상vegetative symptoms과 유사한 증상들이 나타나는 경우가 많은데, 특히 알츠하이머 질환으로 인한 치매의 초기 단계에서 흥미 상실, 의욕 저하, 초조, 지체 등이 나타나서 우울장애로 오진될 가능성이 있다. 따라서 생장 증상보다는 우울하고 슬픈 기분, 비관적 사고, 자존감 저하 등 심리적 증상을 통해서 두 장애를 감별하는 것이 중요하다. 우울장애 환자는 우울한 기분이나 비관적 사고를 직접 보고하거나 면접을 통해 드러나는 반면, 치매 환자는 이를 인식하거나 표현하지 못할 수 있다.

이와는 반대로 우울장애 환자가 인지기능의 손상을 주로 호소하여 치매로 오인되기도 한다. 우울장애 환자에게서 흔히 나타나는 일시적인 인지기능의 손상을 '가성치매'라고 하는데, 가성치매의 경우 우울장애가 사라지면 인지기능이 호전된다. 우울장애에 걸린 노인은 치매 환자보다 오히려 기억장애를 더 많이 호소하기도 한다. 그러나 실제로 인지기능 평가를 위해 신경심리검사를 실시해보면 객관적인 기억손상의 증거는 거의 없는 경우가 많다. 물론 이러한 현상이 젊은 우울장애 환자에게서도 나타나는데, 이는 우울장애 환자

의 자신감 저하나 자기비하 경향을 반영하는 경우가 대부분
이다.

이에 비해 치매 환자는 오히려 자신의 인지적 결함을 감추
려 하거나 기억력에 손상이 있는지조차 인식하지 못하는 경우
가 많다. 심리검사를 실시하다 보면, 우울장애 환자의 경우 힘
이 들거나 자신이 없어서 문제해결을 포기하거나 누락하는 양
상을 더 많이 보이는 반면, 치매 환자는 자신의 인지적 결함을
감추기 위해 무작위적이고 작화적인 반응의 양상이 더 많이
보이는 것을 관찰할 수 있다.

치매와 우울장애를 감별진단할 때 꼭 유의할 점이 있는데,
바로 치매와 우울장애 중 어느 진단이 맞느냐는 식의 이분법
적 태도로만 생각해서는 안 된다는 것이다. 왜냐하면 실제로
두 정신장애는 동반되는 사례가 많기 때문이다. 우울장애에서
나타나는 가성치매로 생각하고 우울 증상만을 치료했을 경우
우울장애가 호전된 뒤에도 여전히 인지기능의 손상이 남아있
는 경우가 많다. 이런 경우는 우울장애가 동반된 초기 치매 환
자일 가능성이 높은 것이다.

### (2) 신체적 질병과 우울장애

노년기는 인생의 다른 어떤 시기보다 신체적 질병에 취약
한 시기임에 분명하다. 생물학적 노화가 진행됨에 따라 노인

에게서 다양한 급성 혹은 만성 신체적 질병이 나타난다. 노년기의 신체 질병은 우울장애와 밀접한 관련이 있는데, 다음의 4가지 측면에서 그 관련성이 나타날 수 있다.

첫째, 노년기에는 신체적 질환으로 인해 쉽게 일상생활에서의 기능 상실이 초래될 수 있고 이에 대한 반응으로 우울 증상이 나타날 수 있다. 이러한 경우 나타나는 우울장애는 '반응성 우울장애'로 볼 수 있다.

둘째, 우울장애가 장기화되면서 대인관계와 활동의 폭이 축소되고, 기분이 저하되며, 식욕이 감퇴되는 등의 다양한 우울 증상이 지속될 수 있는데, 이는 신체적 건강의 악화로 이어지기 쉽다.

셋째, 우울장애의 증상이 주로 신체적인 증상으로 나타나는 경우가 있다. 많은 노인 환자가 우울한 기분이나 비관적 사고 등의 심리적 증상은 부인하는 대신에 수면장애, 식욕부진 및 체중감소, 다양한 신체적 통증 등을 호소하기도 한다. 이와 같이 정서적 불편감은 부인한 채 신체적 증상 호소가 두드러지는 경우, 내면의 우울증이 가면을 쓰고 나타나는 '가면성 우울증masked depression'의 가능성을 고려해볼 수 있다.

넷째, 신체적 질병이나 약물에 의해 생리적 변화나 대사성 변화가 나타나고, 이로 인해 우울장애가 유발되는 경우도 나타난다. 심장병, 폐질환, 내분비 및 신경과적 장애, 각종 기능

부전, 암 등과 같은 뚜렷한 신체적 질환이 있는 노인에게서 우
울장애의 유병률이 높은 것으로 보고된다(Dreyfus, 1988).

이렇듯 노년기의 우울장애는 신경인지장애 및 신체적 질
병과 다양한 측면에서 관련되어 나타나는 경우가 많다. 따라
서 노년기 우울장애를 진단할 때에는 신경과적 질병이나 내
과적 질병, 복용해온 약물 등에 대해 상세한 정보를 얻을 필
요가 있으며, 사전에 포괄적인 의학적 검진이 이루어질 필요
가 있다.

### (3) 노년기의 자살

우리나라 노인의 자살률이 OECD 국가 중 1위라는 불명예
를 얻었다. 2011년 사망원인통계에 따르면, 65세 이상 노인
10만 명당 약 80명이 자살로 세상을 떠나며, 80세 이상 노인
은 10만 명당 117명이 자살로 생을 마감한다. 자살은 우울장
애와 밀접하게 관련되어 있는데, 노인의 경우 자살을 유발할
수 있는 심리사회적 요인들에 더 취약하다. 노인 빈곤층 비율
역시 세계적 수준으로 악화되었고, 신체적 질병, 사회적 고립,
가족이나 지인의 사별을 겪을 가능성이 높다. 어느 연령이든
남자가 여자보다 자살률이 높은데, 노인의 경우 그 차이가 더
심한 것으로 알려져 있다.

자살하는 사람은 흔히 자신의 자살 계획을 다른 사람에게

어떤 식으로든 미리 알리는 경향이 있는데, 노인의 경우에는
그렇지 않은 경우도 많다. 또한 노인이 훨씬 더 치명적인 방법
을 사용하는 경향이 있다. 또한 노인은 음식이나 약을 제때 먹
지 않거나 건강을 돌보지 않음으로써 수동적으로 죽음을 선택
하기도 하므로, 단순한 자살률 통계에 잡히지 않는 자살 가능
성이 많다.

## 2) 노년기 우울장애의 원인

노년기 우울장애는 신체적 · 심리적 · 사회적 요인이 복합
적으로 작용하여 나타날 수 있어서 우울장애를 평가할 때 포
괄적인 접근이 요구된다. 정신장애를 이해하는 틀로서 널리
받아들여지고 있는 이론적 모델 중 하나는 주빈Zubin의 취약
성-스트레스 모델vulnerability-stress model이다. 취약성이란 한 개
인의 유전적 소인과 삶을 통해 점진적으로 형성된 정신병리
에 취약한 특성이라고 말할 수 있다. 스트레스는 정신장애를
촉발할 수 있는 환경적 요인이라고 볼 수 있다. 정신장애는 개
인의 취약성이나 스트레스 어느 한쪽의 힘만으로 나타나기보
다는 개인의 취약성과 심리사회적 스트레스의 상호작용으로
발생한다는 것이 취약성-스트레스 모델의 핵심이다. 이러한
관점에 따라, 정신장애의 원인을 이해할 때 개인 내적인 취약

한 특성과 장애를 촉발시킨 심리사회적 요인을 구분하는 것
이 도움이 된다.

### (1) 우울장애에 취약한 노인의 특성

우울장애의 병력, 가족력, 독신생활, 경제적 빈곤, 수용기
관에서의 생활, 건강, 성격 등이 우울장애의 취약성 요인으로
작용할 수 있다. 우울한 노인들의 상당수는 이전에 우울장애
의 삽화를 경험하였던 사람들이다. 외국의 한 연구에 따르면,
우울한 노인 환자의 67%가 이전에 우울장애의 병력을 지닌
것으로 보고되었다.

우울장애는 가족력이 매우 중요한 장애다. 즉, 우울장애 환
자의 부모나 가까운 친척들을 살펴보면 우울장애 환자가 있는
경우를 자주 관찰할 수 있다. 그런데 일반적으로 우울장애의
첫 발병 시기가 늦을수록 유전적 요인은 상대적으로 덜 중요
한 것으로 알려지고 있다. 즉, 장·노년기에 처음으로 우울장
애가 나타나는 만발성 우울장애는 조발성 우울장애에 비해 상
대적으로 유전적 요인보다는 환경적 요인이 더 중요하다. 사
별이나 이혼으로 인해 오랫동안 독신생활을 해온 경우 우울장
애에 더 취약하며, 반대로 부부생활을 통한 배우자의 사회적
지지는 스트레스에 대한 완충 역할을 하는 것으로 보고되고
있다.

노년기의 경제적 빈곤과 우울장애가 관련된다는 연구 보고도 있다. 또한 기관에 수용되어 있는 노인들에게서 우울장애가 매우 높은 비율로 발생한다고 알려져 있다. 이는 아마도 자유로운 선택과 통제권이 제한되어 있고, 의미 있는 인간관계와 활동의 기회가 적기 때문인 것으로 해석된다.

만성 신체 질환이 있는 노인의 경우 우울장애에 더 취약한 것으로 알려져 있다. 만성적인 질병들 중에 심각도가 높은 관절염, 심장질환, 뇌졸중, 신경인지장애, 파킨슨병 등은 우울장애와 밀접하게 관련된 신체 질환으로 알려져 있다. 성격적 특성과 우울장애도 깊은 관련이 있다. 강박적이고 완벽주의적인 성격과 타인의 반응에 예민하고, 감정 기복이 심하며, 모호한 신체적 증상을 자주 호소하는 신경증 성향이 우울장애와 관련된 것으로 보고되었다.

### (2) 심리사회적 촉발요인

앞에서 열거한 것과 같은 취약성을 지닌 노인이 심한 생활 스트레스를 겪게 되면 우울장애가 발병할 가능성이 더 높아진다. 스트레스 사건은 잠재해 있는 우울장애를 촉발시키는 방아쇠와 같은 역할을 한다. 배우자나 가족, 친구 등 가까운 사람과의 사별이나 이별과 같은 상실 경험, 실직이나 은퇴, 갑작스러운 건강의 악화, 재정적인 문제, 고혈압 치료제나 호르몬

제, 파킨슨병 치료제 등과 같이 복용하는 약물이 우울장애를
촉발하는 요인이 될 수 있다.

특히 DSM-IV(1994)에서 DSM-5(2013)로 개정되면서, 사
별에 대한 심리적 반응을 바라보는 관점에 중요한 변화가 있
었다. DSM-IV의 우울장애 진단기준에서는 사랑하는 사람을
상실한 경우에 우울장애 진단에서 배제하였으나, DSM-5에
서는 사별로 인한 애도반응은 자연스러운 반응임을 인정하면
서도 주요우울 에피소드에 준하는 심각한 부적응 증상이 있을
시에는 우울장애로 진단하도록 하였다. 정신병리의 과잉진단
에 대한 우려의 목소리가 있는 가운데, 사람마다 개인의 취약
성이 클수록 사별로 인한 심리적 고통과 부적응이 심각한 경
향이 있기 때문에 치료의 대상에 포함시켜야 한다는 주장에
근거한 것이다.

아울러 여러 이론에 따르면, 생활 스트레스 사건에 대처하
기 위해 준비된 정도가 노인의 우울장애 발병 여부를 결정해
준다고 한다. 예를 들면, 노인의 경우 사랑하는 사람과 사별하
거나 갑작스럽게 퇴직하는 것에 대해 젊은이에 비해서 좀 더
준비가 되어 있기 때문에 오히려 더 큰 영향을 받지 않는다는
연구결과도 있다(George, 1989).

## (3) 우울장애의 심리적 기제

우울장애에 대한 심리학적 모델들 중에서 가장 널리 알려지고 받아들여지는 모델은 학습된 무력감 모델과 인지 모델일 것이다. 이 두 모델은 노년기의 스트레스 사건이 우울장애를 어떻게 유발할 수 있는지에 대해서도 잘 설명해준다.

셀리그만Seligman과 마이어Maier는 동물 실험을 통해서 '학습된 무력감'의 상태가 어떻게 유발될 수 있는지를 잘 보여주었다(Seligman & Maier, 1967). 이러한 상태는 동물이 환경을 스스로 통제할 수 없을 때 나타난다. 예를 들어, 평소에 전기충격으로부터 쉽게 도피할 수 있었던 동물이 실험 조작에 의해서 적절한 도피행동을 취해도 더 이상 전기충격으로부터 도피할 수 없는 경험을 반복하게 될 경우, 그 동물은 결과에 대한 통제력을 상실하게 되고 학습된 무력감 상태에 빠지게 된다. 결국 도피할 수 있는 여건이 조성되어도 전기충격으로부터 도망가지 않는 무기력한 모습을 보이는 것이다.

학습된 무력감은 '반응-결과 비유관성'이라는 말로 표현할 수 있는데, 이것은 자신이 어떤 행동을 취해도 결과는 달라지지 않을 것이라고 느끼는 것을 말한다. 자신이 환경에 어떠한 영향도 미칠 수 없을 것이라는 무력감은 냉담하고 수동적이고 비반응적인 상태로 이끄는데, 이러한 상태는 인간의 우울장애에 비견될 수 있다. 많은 노인이 건강의 악화, 실직, 사별 등과 같은 힘든 사건들을 반복적으로 경험하면서 통제력을 상실하게 되면, 무력감이 삶 전반으로 확산되면서 우울해질 수 있다는 것이다.

벡Beck은 우울장애에 대한 인지 이론cognitive theory을 발전시켰다. 그의 이론에 따르면, 사람은 삶의 초기 경험을 통해 인생에 대하여 어떤 신념들을 형성하게 되는데, 이러한 잠재된 신념이 부정적인 생활사건에 의해서 촉발되어 활성화되면, 자신과 세상을 그러한 신념에 따라 부정적인 방식으로 해석하게 된다는 것이다. 자신과 세상과 미래를 부정적으로 해석하는 것은 우울장애의 핵심 특성으로서, 이러한 부정적 생각은 감정, 행동, 대인관계, 신체기능에도 영향을 미치게 되어 다양한 우울 증상들이 나타날 수 있다.

가령 어떤 사람이 '행복해지기 위해서는 늘 건강해야 한다' 혹은 '건강을 잃는다면 인생은 아무것도 아니다'라는 경직되고 역기능적인 신념을 지니고 있다 하자. 그들은 건강을 유지하고 있을 때는 별 문제가 되지 않지만, 갑작스럽게 건강이 악화된다면 '나는 이제 더 이상 행복해질 수 없다'거나 '사는 게 무가치하다'는 비관적인 생각들이 수반되고, 이러한 생각은 기분과 행동에도 영향을 미쳐서 광범한 우울 증상들이 나타나게 된다.

## 3) 노년기 우울장애의 치료

### (1) 일반적인 치료 원칙

앞에서도 언급했듯이 노년기 우울장애는 신체적 · 심리적 · 사회적 요인이 복합적으로 작용하여 나타난다. 따라서 우울장애의 치료 또한 신체적 · 심리적 · 사회적 개입이 복합적으로 이루어질 필요가 있다. 노년기 우울장애는 신체적 질병이 동반되는 경우가 많으므로 포괄적인 의학적 검진이 요구된다. 또한 신체적 질병과 우울장애의 관계를 잘 살펴서 치료 시에도 이를 잘 고려해야 하며, 관련된 신체적 질병에 대한 치료가 병행되어야 한다. 다른 어느 시기에서도 마찬가지겠지만, 특히 노년기 우울장애를 치료할 때는 가족의 개입과 협조가 더 필요하다.

집에서 치료를 받을 것인가 입원치료를 할 것인가를 결정하는 것도 중요한 일이다. 우울 증상이 심각하고, 자해 혹은 자살의 위험성이 있거나, 심각한 신체적 질병이 동반되어 다른 의학적 진료가 필요하거나, 가족이나 가까운 사람이 환자를 간호하고 지지해줄 여력이 부족할 경우에는 입원치료를 고려해보는 것이 좋다.

## 🔑 노인 우울 자가 테스트

　다음 질문을 읽고 지난 일주일 동안 자신이 어떻게 느꼈는지 '예' 또는 '아니요'로 답하십시오.

1. 현재의 생활에 대체적으로 만족하십니까?　　　예　아니요
2. 요즈음 들어 활동량이나 의욕이 많이 떨어지
셨습니까?　　　　　　　　　　　　　　　예　아니요
3. 자신이 헛되이 살고 있다고 느끼십니까?　　　예　아니요
4. 생활이 지루하게 느껴질 때가 많습니까?　　　예　아니요
5. 평소에 기분은 상쾌한 편이십니까?　　　　　예　아니요
6. 자신에게 불길한 일이 닥칠 것 같아 불안하
십니까?　　　　　　　　　　　　　　　　예　아니요
7. 대체로 마음이 즐거운 편이십니까?　　　　　예　아니요
8. 절망적이라는 느낌이 자주 드십니까?　　　　예　아니요
9. 바깥에 나가기가 싫고 집에만 있고 싶습니
까?　　　　　　　　　　　　　　　　　　예　아니요
10. 비슷한 나이의 다른 노인들보다 기억력이 더
나쁘다고 느끼십니까?　　　　　　　　　　예　아니요
11. 현재 살아있다는 것이 즐겁게 생각되십니
까?　　　　　　　　　　　　　　　　　　예　아니요
12. 지금의 내 자신이 아무 쓸모없는 사람이라고
느끼십니까?　　　　　　　　　　　　　　예　아니요
13. 기력이 좋은 편이십니까?　　　　　　　　　예　아니요
14. 지금 자신의 처지가 아무런 희망도 없다고
느끼십니까?　　　　　　　　　　　　　　예　아니요

15. 자신이 다른 사람들의 처지보다 더 못하다고
    느끼십니까?                              예    아니요

___

1, 5, 7, 11, 13번 문항은 '아니요'의 개수를, 나머지 문항은 '예'의 개수를 세어 더한다. 채점 결과가 8점 이상이면 우울장애의 가능성을 고려해보아야 한다.

출처: 조맹제, 배재남, 서국희 등(1999).

## (2) 항우울제 약물치료

우울한 노인에게 적용할 모든 치료법 중에서 항우울제 처방이 가장 활발하게 연구되었으며, 그 효과성이 많은 연구결과에서 입증되었기 때문에 노년기 우울장애의 치료법으로 약물 투여가 우선적으로 고려되고 있다. 중간 정도 이상 심한 우울장애를 보이는 환자의 경우 항우울제 복용을 통해 증상이 호전되는 경우가 많다.

가장 많이 처방되는 약물은 삼환계 항우울제TCAs인데, 노인 환자에게 투여했을 시 즉각적인 반응을 보이는 대신 부작용도 높은 것으로 보고된다. 선택적 세로토닌 재흡수 억제제SSRIs는 비교적 부작용이 적고 과량복용 시의 위험도 덜하기 때문에 노인 환자를 치료할 때 큰 장점을 갖는다. 주로 극도의 피로나 활동저하를 보이는 우울장애 환자에게 특히 유용하다. 이들

항우울제에 잘 반응하지 않는 경우에는 MAO 억제제가 처방되는데, 이것은 기립성 저혈압이라는 부작용을 일으키기도 한다. 또한 복용 시 특정 음식을 피해야 하고 다른 약물들과의 상호작용 가능성으로 인해 감기약 등의 특정 약물을 피해야 한다는 단점이 있다.

대부분의 항우울제는 기대되는 효과가 나타나기까지 4~5주의 기간이 필요한 경우가 많다. 노인은 젊은 사람에 비해 일반적으로 항우울제의 약리효과가 낮은 편이기 때문에, 충분한 효과를 내고 재발을 방지하기 위해서는 의사의 처방에 따라 적은 양을 더 오랜 기간 복용할 필요가 있다.

### (3) 전기경련치료

전기경련치료electroconvulsive therapy: ECT는 항우울제에 잘 반응하지 않거나 항우울제를 처방하기 어려운 심한 우울장애 환자를 치료할 때 한 가지 대안으로 받아들여진다. 이 치료법은 미세 전기로 뇌를 자극해 변화를 일으키는 기법으로, 치료 효과가 뛰어나 환자의 상태가 심각하여 자살 위험이 높거나, 환자가 섭식을 지속적으로 거부할 경우, 혹은 정신운동 지체가 현저하게 나타날 때 대안적 치료법으로 선택할 수 있다. 다만 정기경련요법은 나이가 적을수록 효과가 크고, 나이가 많을수록 동맥경화나 뇌졸중 등의 신체적 부작용의 위험이 있기 때문에 노인 환자에게 적용할 때는 상당한 주의를 요한다.

### (4) 광선치료

최근 들어 우울장애를 치료하는 방법이 다양한 각도에서 이루어지고 있다. 그중 하나가 광선치료light therapy인데, 자연의 햇빛에 노출시키는 방법부터 기계적인 광선을 활용하는 치료법이 모두 포함된다. 일조량이 줄기 시작하는 가을철에 우울장애가 반복적으로 찾아오는 유형을 '계절성 우울장애'라고 하는데, 나이가 많은 노년기에 더 흔하게 나타나는 경향이 있다. 다만 광선치료가 우울장애에 특정하게 작용하는 것인지, 전반적인 신체 생리적 리듬에 영향을 주기 때문에 긍정적인 효과가 나타나는 것인지에 대해서는 아직 정확하게 밝혀지지 않았다.

### (5) 심리사회적 치료법

많은 우울장애 환자가 약물치료를 통해 증상의 호전을 보이는 것이 사실이지만, 그중 상당수는 회복 속도가 느리거나 부분적인 회복만을 보이거나 다시 재발하는 것 또한 사실이다. 노인에게 적용할 수 있는 심리사회적 치료법에는 인지적 요법, 행동적 요법, 정신역동적 요법, 대인관계 요법 등 다양하다. 아울러 심리치료는 약물치료와 병행할 경우 더 빠른 회복을 가져올 수 있으며, 더 중요하게는 회복을 유지하고 재발을 방지하는 데 큰 역할을 할 수 있다.

가령 사별 후의 상실감과 외로움이 우울장애의 발생에 중요한 영향을 미쳤을 경우, 이러한 상실감과 외로움을 그 자체로서 다루지 않는다면 우울장애의 완전한 호전과 호전 상태의 지속은 어려울 것이다. 또한 지속성 우울장애와 같은 더 경미한 우울장애의 경우 심리치료가 더 중요한 치료법으로 선택될 수 있다.

경험적 연구결과들을 통해 심리치료 접근 중에서 인지행동적 치료와 대인관계 심리치료, 정신역동적 심리치료 등이 노년기 우울장애를 치료하는 데 효과가 있는 것으로 보고되고 있다. 또한 노인의 상실감을 다루고 현실적인 갈등을 해결할 수 있도록 돕거나, 문제해결이나 의사결정을 돕고 따뜻한 마음으로 배려하는 등의 문제해결 중심적이고 지지적인 상담이 많은 도움이 될 수 있다. 어떠한 치료적 접근을 택하든 간에 노인을 대상으로 치료할 때에는 치료 과정에 대해 충분히 교육시키고, 치료 속도를 젊은 내담자보다는 느리게 유지하고, 치료 효과 확인을 위한 추수회기를 실시해서 증상의 악화 및 재발을 방지하기 위한 철저한 노력을 기울일 필요가 있다.

특히 자살 위험이 있을 경우에는 자살의 단서들에 세심한 주의를 기울이면서 정신건강 전문가에게 신속하게 도움을 요청해야 한다. 상담을 통해 내담자의 세계로 함께 들어가 그의 마음을 들어주는 것이 중요하다. 내담자의 어려움과 절망을 제대로 공감하면서 자살이 문제해결에 근본적으로 도움이 되지 않음을 인식시키고, 갈등을 해결하고 잘 살아갈 수 있는 대안적인 방법을 찾도록 도와줄 필요가 있다.

우울한 노인은 자신은 다른 사람의 관심을 받을 가치가 없다고 생각하여 사회적으로 고립되는 경향을 보이는데, 이때 가까운 사람들의 관심과 정서적 지지는 외로움을 달래고 자기 가치감을 회복하는 데 도움을 줄 수 있다. ◆

# 3. 불안장애

인생의 시기마다 불안을 느끼는 대상은 조금씩 달라진다. 예를 들어, 유아가 갑작스러운 소음에 공포반응을 보이는 것은 보편적인 현상이다. 유아가 엄마와 애착을 형성하는 시기에 엄마와 분리되거나 낯선 사람을 대할 때 불안반응을 보이는 것도 정상적이다. 아동기가 되면 전에는 아무렇지도 않게 대했던 동물이나 어둠이 두려워지기 시작한다. 이렇듯 대상이 구체적이고 뚜렷한 불안이 인생의 시기마다 나타났다가 이내 사라진다. 한편, 나이가 들수록 혼나는 것, 거절당하는 것, 비웃음거리가 되는 것과 같은 좀 더 추상적인 불안이 점차 발달하기 시작한다.

인생의 다른 시기도 그러하지만, 노인이 되면 여러 가지 스트레스에 직면하게 된다. 신체적 질병, 가까운 사람과의 이별 혹은 사별, 재정적 곤란, 폭력이나 범죄 등이 노인이 두려워하는 주된 스트레스다. 많은 연구결과에 따르면, 노인의 불안은 젊은 사람에 비하여 더 실제적인 경향이 있으며, 사건 자체보다는 사건에 뒤따르는 결과를 더 두려워하는 경향을 보인다고 한다. 예를 들면, 노인은 비판을 받는 것보다는 경제적 파탄에 뒤따르는 어려움에 대해서 더 불안한 경향을 보인다는 연구결과가 있다. 폭력이나 범죄를 당할까 봐 두려워하는 노인이 많다는 것은 실제 노인이 폭력을 당할 가능성이 많아서라기보다는 폭력을 당했을 때 그 결과가 더 심각할 수 있기 때문인 것으로 추측된다.

물론 노인마다 죽음에 대한 태도가 다양한 것은 사실이지만, 연구결과에 따르면 일반적으로 예상되는 것과는 달리 노인이 젊은 사람에 비해서 일반적으로 죽음을 더 두려워하는 것은 아니라고 한다. 상황적 요인이 죽음에 대한 태도와 관련된다는 연구 보고가 있는데, 혼자 사는 노인이 가족과 함께 살거나 양로시설에 거주하는 노인보다 죽음을 더 두려워하는 경향을 보인다.

## 1) 불안장애란 무엇인가

불안은 삶의 위협에 대한 정상적인 반응으로 간주할 수 있다. 만일 인간이 불안을 느끼지 않는다면 삶의 다양한 위협에 대해 적절히 적응하며 살아갈 수 없을 것이다. 예를 들어, 높은 낭떠러지 끝에 서서도 전혀 불안을 느끼지 않는다면 어떻게 될까? 중요한 시험을 앞둔 학생이 전혀 긴장감을 느끼지 않고 태평하게 인터넷만 하고 있다면 어떻게 될까? 그 결과를 상상하기란 그리 어렵지 않을 것이다.

그러나 불안의 정도가 지나쳐서 부적절하고 비현실적인 수준으로 심해지거나, 대부분의 사람에게는 위협적이지 않은 대상에 대해서도 불안을 보일 때, 이러한 병리적 불안 상태를 일컬어 불안장애라고 한다. 정상적 불안과 병리적 불안의 경계를 구분하기란 쉬운 일이 아닐 것이다. 단지 개인이 불안으로 인해 고통을 느끼며, 불안이 예상되는 자극이나 상황을 회피하게 되고, 불안으로 인해 심각한 부적응과 역기능이 초래될 때, 이를 불안장애라고 할 수 있을 것이다.

불안장애anxiety disorders는 DSM-Ⅲ(1980)에 와서야 처음 사용하기 시작한 진단 용어다. 그 이전까지는 불안이 위주인 모든 장애를 포함하는 신경증노이로제 혹은 정신신경증이라는 용어를 사용하였다. 정신신경증이란 개념은 정신분석적인 이론에 의해서 설명되고 이해될 수 있는 정신장애다. 이러한 이유로, 정신신경증에는 불안이 직접 관련되는 장애인 공포신경증, 불안신경증, 강박신경증은 물론이고, 간접적으로 관련되는 전환 히스테리, 해리성 히스테리, 건강염려증적 신경증,

우울신경증, 성도착신경증도 포함되었다.

그러나 DSM-Ⅲ(1980)에 와서는 임상적으로 드러나는 증상을 위주로 하여 현상적 · 기술적 관점에서 장애를 분류하고자 하였고, 그 결과로 신경증이라는 용어가 사라지고 기존의 공포신경증, 불안신경증, 강박신경증이 불안장애라는 이름 아래 묶이면서 새로운 진단명으로 바뀌게 되었다. 이러한 골격은 DSM-Ⅳ(1994)까지 그대로 이어져, 공황장애, 광장공포증, 사회공포증, 특정공포증, 강박장애, 범불안장애 등이 불안장애에 포함되었다.

2013년에 DSM-5가 출시되면서 다시금 불안장애의 진단체계에 적지 않은 변화가 일어났다. 범불안장애, 특정공포증, 광장공포증, 사회불안장애, 공황장애는 큰 변화 없이 하위유형으로 포함되었지만, 강박 및 관련 장애와 외상 및 스트레스 관련 장애가 불안장애로부터 독립하여 상위 진단범주로 재편되었으며, 분리불안장애와 선택적 무언증이 불안장애의 하위유형에 새롭게 포함되었다. 축적된 연구들을 통해 정신장애의 유발 원인이나 핵심 증상이 불안과 더 밀접한 관련을 맺고 있다고 판단되는 장애들을 중심으로 재편된 것이다.

**불안장애의 분류** (DSM-5; APA, 2013)

**공황장애**

예기치 못한 심한 공황발작을 반복적으로 경험하는 장애다. 공황발작이란 갑작스러운 두려움이 몰려오고 그 두려움이 극심해서 견디기 힘든 상황에까지 이르는 경험을 말한다. 이들은 공황발작 시에 죽거나 통제력을 상실하게 될까 봐 두려워하며, 한 번 공황발작이 나타나면 이후 또 다른 공황발작이 일어날까 봐 지속적으로 염려하며 발작이 나타날 수 있는 상황을 회피하려 한다.

**광장공포증**

즉각적으로 위험을 피하기 어려운 장소나 상황에 처하는 것에 대한 두려움, 혹은 공황발작이 일어났을 때 도움을 받기 어려운 장소나 상황에 처하는 것에 대한 두려움을 보이는 장애를 말한다. 예를 들면, 혼자 외출한다든지, 군중 속에 있다든지, 다리나 터널을 통과한다든지, 멀리 여행할 때 공황발작이나 위험이 나타난다면 혼자서 이에 적절히 대처할 수 없다고 느끼기 때문에, 이러한 장소나 상황을 두려워하게 된다.

**사회불안장애**

다른 사람을 만나거나 사람(들) 앞에서 무엇인가를 수행하고자 할 때 심한 두려움을 느끼는 장애를 말한다. 이들 중에는 대인관계 상황과 여러 사람 앞에서의 수행 상황 모두를 두려워하는 사람도 있고, 이 중 어느 한 가지 상황만을 두려워하는 사람도 있다.

**특정공포증**

인식할 수 있는 명확한 대상이나 상황에 대한 현저하고도 지속적인 두려움을 보이는 장애로, 두려워하는 자극에 노출되면 예외없이 즉각적인 공포반응이 유발된다. 동물이나 곤충을 두려워하는 유형, 천둥이나 번개 등 자연환경을 두려워하는 유형, 피를 보거나 주사를 맞거나 신체적 손상을 두려워하는 유형, 엘리베이터나 밀폐된 작은 방 등 폐쇄된 공간을 두려워하는 유형, 높은 건물에 오르거나 비행기를 타는 등 높은 장소를 두려워하는 유형 등이 있다.

### 범불안장애

일상적인 삶 속에서 여러 가지 사건이나 활동에 대해 지나친 불안이나 걱정을 보이는 장애를 말한다. 매사에 잔걱정이 많아 늘 과민하고 긴장된 상태에 있으며, 지속적 긴장감으로 만성 근육통과 두통, 수면장애, 소화불량 등의 신체 증상을 동반하고 있는 경우가 흔하다.

### 분리불안장애

애착 대상과 떨어지는 것에 대해서 심한 불안을 나타내는 정신장애를 말한다. 주로 아동기에 나타나는 장애로 부모, 특히 엄마가 옆에 있어야 안심하고, 떨어져 있을 때는 무언가 나쁜 일이 일어나 서로 보지 못하게 될까 불안해한다. 분리와 관련된 악몽을 반복해서 꾸거나 등교를 거부하는 등 일상생활에 지장을 초래한다.

### 선택적 무언증

말을 할 수 있음에도 특정한 상황에서 지속적으로 말을 하지 않는 장애를 말한다. 또래와 놀이는 함께하면서도 말은 하지 않거나, 또래나 가족과는 말을 잘 하지만 어른들이나 낯선 사람들에게 말을 하지 않는 경우가 흔하다.

## 2) 노년기 불안장애의 역학

국민건강보험공단이 2008년부터 2013년까지 건강보험 진료비 지급자료를 분석한 내용에 따르면, 우리나라 불안장애 진료 인원이 전체 연령대 중에 70대 이상 노인에게서 가장 많고(10만 명당 3,051명), 증가율 역시 연평균 12.3%로 노인 환자에게서 가장 큰 폭의 증가를 보인 것으로 나타났다. 그동안 노년기의 불안장애에 대한 역학 조사가 많지 않아 객관적인 자료를 제시하기 어려웠으나, 점차 정신건강이 사회에 미치는 영향과 문제점들이 주목받으면서 관련 조사가 체계적으로 이루어지고 있다. 시대와 사회적 변화와 함께, 노년기에 자녀에게 의지하기보다는 경제적·육체적·심리적으로 독립적인 생활을 해야 하는 데서 오는 부담감이 불안 증가의 원인 중 하나로 여겨진다.

노년기의 특성과 관련하여 불안장애의 유병률이 일부 과소추정되었을 가능성이 있다는 지적들도 유념할 필요가 있다. 첫째, 노인에게서 불안이 우울 증상과 함께 나타날 경우 일차적으로 우울장애로 진단을 내리는 경향이 있기 때문에 불안장애가 낮게 추정될 수 있다. 둘째, 젊은 사람에 비해 노인이 취약성을 더 많이 보이는 영역에서 불안을 호소할 경우, 이를 불안장애로 생각하기보다는 노년기에 자연스러운 현상으로 간

3. 불안장애 ✳ 161

주하는 경향이 있다. 가령, 도시에 사는 노인이 범죄에 대해
두려워하거나 혼자 외출하는 것을 두려워할 때, 특정공포증
이나 광장공포증의 가능성을 고려하기보다는 노인에게 흔히
있을 수 있는 일로 생각해버릴 수 있다. 마지막으로, 불안의
신체적 증상이 현재 지니고 있는 내과 질환의 일부로 혹은 신
체적 노화의 일부로 오인됨으로써 불안장애의 가능성이 간과
될 수 있다.

### 3) 노년기 불안장애의 치료

불안 증상만을 호소하거나 불안장애 치료를 일차적인 목적
으로 전문 치료기관을 찾는 노인들은 별로 없다. 흔히 불안한
노인들의 상당수는 신체적 질병 혹은 다른 정신장애를 지니고
있다. 또한 많은 노인이 불안해도 불안 증상 자체만으로 정신
과 의사나 심리치료사를 찾지는 않는다. 따라서 노인의 불안
을 다루는 일차적 책임은 내과나 가정의학과 의사에게 주어지
는 경우가 더 많다. 이러한 이유로 해서 노인의 불안을 다룰
때 약물치료가 우선되는 경향이 있고, 장기적으로 볼 때 더 안
전하고 유익할 수 있는 심리치료적 개입은 별로 이루어지지
않는 것이 현실이다.

노인의 불안을 완화시키는 데 가장 많이 사용되는 약물은

벤조디아제핀 계열의 약물이다. 그 외에 부스피론과 같은 새
로운 항불안제, 진정 작용이 있는 항우울제, 신경이완제 등도
처방된다. 대부분의 다른 장애에서와 마찬가지로 불안장애에
서도 노인은 치료를 위해 더 적은 약물 용량이 요구된다. 약물
처방 시에는 노화와 관련된 생리적 변화에 따른 약역학의 변
화, 부작용, 동반하는 다른 내과 질환, 복용하고 있는 다른 약
물과의 상호 작용 가능성 등을 세심하게 고려해야 한다.

불안장애에 대한 심리치료기법은 젊은 사람과 노인이 크게
다르지 않다. 호흡과 근육이완을 통한 긴장이완훈련, 체계적
둔감법, 노출 훈련, 수용 및 마음챙김기법, 불안과 관련된 역
기능적 사고를 다루는 인지적 기법 등을 포함하는 인지행동적
치료법이 불안장애에 가장 효과적인 것으로 알려져 있다. 급
성적인 불안을 보이는 환자에게는 접촉 횟수를 늘리고 긍정적
인 말과 따뜻한 지지로 안심시킬 필요가 있다. 노인의 불안은
실제적인 스트레스와 관련되는 경우가 많으므로 당면한 스트
레스를 관리하고 대처하는 능력 및 자기효능감을 키울 수 있
도록 도와주는 것이 환자가 불안을 극복하는 데 도움이 된다.
또 다른 연구에 따르면, 불안한 노인 환자에게는 불안장애와
그 치료방법에 대해서 사전에 자세히 교육하는 것이 치료에
큰 도움이 된다고 한다. ◆

# 4. 신체 증상 및 관련장애

신체 증상 및 관련장애somatic symptom and related disorders란 신체 증상을 호소하지만 의학적 검사에서는 뚜렷한 기질적 원인이 발견되지 않고, 주로 심리적 원인에 의한 것으로 추정되는 정신장애를 지칭하는 진단 용어다. 이들이 호소하는 신체 증상들은 기질적인 병리가 있는 질병과는 구별되는 주관적인 경험이다. 그러나 이들이 의도적으로 증상을 만들어낸다거나, 실제 증상이 없는데도 있다고 꾸민다거나, 증상으로 인해 고통을 느끼지 않을 것이라고 생각한다면 잘못이다. 심인성 신체 증상들은 개인에게 심한 고통을 줄 수 있고 일상생활의 기능에 상당한 지장을 초래할 수 있다. DSM-5(2013)에서는 신체증상장애, 질병불안장애, 전환장애, 인위성장애 등을 이 진단범주에 포함시키고 있다.

의학적인 문제가 발견되지 않으면서 여러 신체 증상을 호소하는 경향은 정신과를 찾아온 환자뿐 아니라 내과에 내원한 환자나 일반인에게도 자주 나타난다. 우리나라에서 이루어진 연구에 따르면, 한 종합병원에서 신체 증상을 호소하여 비정신과에 입원하였다가 정신과에 의뢰된 환자의 14.2~40.5%가 의학적 소견상 이상이 없는 것으로 나타났다. 또 다른 연구에서는 비정신과 진료에서 신체중상장애 환자의 비율이 11.5%에 달하였다고 보고하고 있다.

신체 증상 및 관련장애 환자는 대부분 내과 의사나 일차 진료의를 먼저 방문하는 경향을 보인다. 자신의 증상이 신체적인 데 원인이 있을 것이라고 믿는 환자에게, 사실은 심인성이라고 말하거나 정신과 의사나 심리치료사를 찾아가 보라고 권유하면 불쾌해하기도 한다. 심지어는 의사의 진료 소견을 불신하여 여러 병원을 옮겨 다니며 진찰과 검사를 반복하는 닥터쇼핑doctor shopping을 하기도 한다.

신체 증상 및 관련장애에서 호소하는 신체 증상을 심인성心因性이라고 표현할 때, 이는 신체 증상의 이면에 심리적 갈등이나 불편감이 내재한다는 것을 의미한다. 즉, 이러한 장애의 환자는 심리적 불편감을 신체적으로 표현하는 사람이라고 볼 수 있다. 신체 증상 및 관련장애 환자는 많은 경우 우울, 불안 등의 신경증적 증상을 동반한다. 또 어떤 환자는 우울, 불안 등의 심리적인 문제를 부인하고 오로지 신체 증상만을 호소하기

도 한다. 그러나 그 이면에는 그들이 부인하는 우울, 불안, 죄
책감, 분노 등의 감정이 얽혀 있는 경우가 많다.

특히 우리나라에서는 다른 문화권에서보다 신체화 증상이
더 많이 나타난다고 보고되고 있다. 우울이나 죄책감, 대인 간
갈등이나 분노가 말로 표현되기보다는 신체적인 형태로 표현
되는 경향이 있다는 것이다. 우리나라의 우울장애 환자가 외
국에 비해 신체 증상을 더 많이 호소한다는 연구결과도 있다.
때로 우울장애가 신체 증상에 의해서 가려지기도 한다.

## 1) 노년기 신체 증상 및 관련장애

신체 증상 및 관련장애는 노인과 관련이 많은 장애인데, 이
것은 노인의 경우 신체적 호소가 많기 때문이다. 노인은 흔히
팔다리가 아프고, 소화가 안 되며, 숨이 차고, 손발이 차다는
등의 호소를 한다. 이렇게 노인이 신체 증상을 호소할 때는 우
선 신체적 질병의 가능성을 먼저 생각해보아야 한다. 설사 신
체적 호소가 신체 증상 및 관련장애의 한 증상이라 해도, 노인
환자의 경우 실제 신체적 질환을 동반할 가능성이 크다는 것
을 항상 유념해야 한다. 실제로 노인의 80%가 신경통, 관절
염, 심장질환 등 다양한 만성질환을 가지고 있으며, 20% 가까
이가 당뇨를 앓고 있다. 그리고 노년기 우울장애가 흔히 신체

증상이나 질병불안장애의 형태로 표현되기도 한다.

질병불안장애 역시 노인에게 자주 나타나는 것은 사실이지만, 노년기가 이 장애가 가장 많이 나타나는 시기는 아니다. 일반적인 생각과는 달리, 질병불안장애는 40, 50대에서 가장 많이 나타난다. 오히려 노인은 신체 증상을 노화로 인한 것으로 치부하고 병원을 찾지 않는 경우가 많다. 한 연구에 따르면, 건강에 대한 관심은 나이에 따라 증가하기보다는 평생 일정하게 유지된다고 한다. 따라서 나이가 들수록 노화로 인해 상대적으로 건강에 문제가 많아짐에도 건강에 대한 관심은 그대로이기 때문에, 노인의 경우 오히려 질병불안장애가 적을 수 있다는 것이다.

한국인의 신체화 경향성은 '화병'에서도 찾을 수 있다. DSM-IV(1994)에서는 한국인에게 독특하게 관찰되는 민속증후군으로 화병을 공식 진단명으로 제시하였다. 우울하고 답답하며 분노의 감정이 복받쳐 몸에 열이 나는 등의 신체적 증상을 호소하는 정신장애를 말한다. 흔히 가부장적 사회에서 살아온 중년 이후의 여성에게서 나타나며, 남편이나 시부모와의 관계에서 억압해온 억울함과 증오 등의 심리사회적 원인일 경우가 많다.

## 2) 신체 증상 및 관련장애의 치료

질병불안장애를 보이는 노인에게는 의학적 검사를 통해 아무런 질병이 없음을 확인시켜주어야 한다. 환자가 자신의 증상에 대해 진지하고도 자세한 설명을 듣게 되면 안심이 될 것이다. 의학적 결과를 설명할 때 성의 없는 태도로 정상이라고만 말해주면 검사 결과를 제대로 살펴봤는지 의심할 수 있다. 또한 심리적인 문제의 가능성을 제기했을 때 '나약해서 그래'라는 비난으로 오해하고 자존심이 상할 수 있다. 따라서 노인 환자를 대할 때는 호소하는 증상을 좀 더 진지한 자세로 경청한 후 의학적 검사를 실시해야 하며, 기질적으로 이상이 없다는 검사 결과를 되도록 차근차근 솔직하게 설명해주는 것이 좋다.

신체 증상 및 관련장애 환자는 심리치료에서 저항을 보일 가능성이 높다. 이런 유형의 장애를 지닌 환자의 특성 중 하나가 심리적 어려움의 부인이기 때문에, 심리치료를 받는다는 것 자체가 문제를 인정하라고 강요하는 느낌을 줄 수 있다. 이때 치료자는 '당신에게만 있는 심리적 문제를 고쳐주겠다'는 자세가 아니라 '누구에게나 있을 수 있는 삶의 고민을 해결할 수 있도록 도와주겠다'는 태도를 보일 필요가 있다. 환자의 증상이 심인성이냐 아니냐와 같은 식의 추상적인 논쟁보다는,

구체적인 삶의 문제들을 논의하면서 치료자가 공감과 존중하는 태도를 보이게 되면 환자는 조금씩 치료와 치료자에게 마음의 문을 열 것이다.

심리치료가 진행되면서 이들은 자기 내면의 심리적 갈등과 감정들을 이해하기 시작하고, 자신의 감정을 적절히 표현하는 법을 배우며, 인간관계에서 생기는 갈등을 좀 더 건설적으로 해결하는 방법들을 배우게 된다. 다른 사람으로부터 적절한 정서적 지원을 받는 것 또는 즐거운 일이나 여가활동을 찾는 것도 보다 만족스러운 삶을 영위하는 데 도움이 된다. ◆

# 5. 조현병 스펙트럼 장애

예전에 정신이 분열된 병이라는 의미에서 정신분열병이라고 불렸던 조현병schizophrenia은 사람이 겪을 수 있는 정신장애 중에서 가장 심각한 장애 중 하나다. 흔히 일반인에게 조현병 환자의 비현실적인 지각 및 사고나 기이한 행동은 '광기'라는 이름으로 두려움의 대상이 되곤 하였다. DSM-5(2013)에서는 조현병 스펙트럼 및 기타 정신병적 장애schizophrenia spectrum and other psychotic disorders라는 범주하에 조현병뿐만 아니라 분열형 성격장애, 망상장애, 단기 정신병적 장애, 정신분열형 장애, 조현정동장애 등을 포함하고 있다. 대부분 이러한 장애들은 청소년기나 성인 초기에 발병하지만, 인생의 후기에 발병하기도 한다. 이 절에서는 조현병과 망상장애를 중심으로 노년기의 정신병적 장애를 살펴볼 것이다. 그 전에 우선 정신병적 장애 psychotic disorder의 핵심 증상에 대해서 알아보자.

## 1) 정신병적 장애의 핵심 증상

정신병의 증상을 양성 증상과 음성 증상으로 구분하는 방식은 현재 널리 받아들여지고 있다. 양성 증상positive symptoms 이란 일반인에게 없는 것이 있거나 일반인에게 있는 것보다 훨씬 더 많이 있다는 의미에서 붙여진 명칭이고, 음성 증상 negative symptoms은 일반인에게는 있는 것이 없거나 부족하다는 의미에서 붙여진 명칭이다. 양성 증상에 해당하는 증상에는 망상, 환각, 사고장애, 기괴한 행동 등이 있다.

망상delusion이란 현실에 대한 그릇된 신념으로서, 개인이 그 신념을 강하게 확신하고 있어서 명백히 반대되는 객관적 증거에도 그 신념이 유지되는 것을 말한다. 망상의 사고 내용은 다양하게 나타나는데, 그 내용에 따라 피해망상, 관계망상, 과대망상, 색정망상, 허무망상, 신체망상 등으로 구분된다. 예를 들어, 피해망상은 누군가예: 정보부, 이웃, 악마 등가 자신을 괴롭히거나 해치려 한다고 믿는 것이고, 과대망상은 자신이 특별한 힘을 지닌 중요한 사람예: 예수 그리스도이거나 중요한 사명을 띠고 있다고 믿는 것을 말한다. 동일 문화의 사람이 이해하기 어렵고 일상적인 경험과도 유리된 기이한 망상들도 존재하는데, 예를 들어 외계인이 흔적도 없이 내 몸 안의 기관을 꺼내어 다른 사람의 기관으로 바꾸었다고 믿는 것 등이 있다. 흔히 자신의 신체나 정신에 대한 통제감을 잃고 외부의 다른 힘에 의해 조종된다고 믿을 때 기이한 망상으로 간주한다.

환각hallucination이란 외부 현실에 대상 자극이 없는데도 이를 지각하는 것을 말한다. 환각은 시각, 청각, 촉각, 후각, 미각 등 모든 감각 양상에서 나타날 수 있지만, 이 중에서도 환청이 조현병 및 관련 장애에서 가장 흔하다. 환청은 주로 사람의 목소리 형태로 들리며, 자신의 생각과는 분명히 구별되는 것으로 지각된다. 예를 들어, 조현병 환자의 경우 자신의 행동이나 생각에 대해 일일이 지시하거나 지적하고 비판하는 환청을 듣거나, 둘 혹은 그 이상의 사람이 서로 대화하는 환청을 듣기도 한다.

혼란스러운 사고/언어disorganized thinking/speech는 단어, 구, 문장 간의 연상이 이완되어 언어 표현이 조리가 없고 이해하기 어려워지는 것을 말한다. 조현병 환자의 말을 잘 들어보면, 전달하고자 하는 핵심을 벗어나 주변을 빙빙 겉돌기도 하고, 처음에 전달하고자 하는 주제에서 완전히 벗어나 다른 주제로 빗나가기도 한다. 논리적으로 서로 연결되지 않는 단어들이 나열되어서 문장이 아닌 단어들의 범벅인 듯한 인상을 주기도 하고, 사전에도 없는 새로운 신조어를 만들어 쓰기도 한다. 망상이 사고 내용의 장애에 속한다면 이러한 혼란스러운 사고는 사고 형식상의 장애에 속한다.

혼란스러운 또는 비정상적인 운동 행동disorganized or abnormal motor behavior들도 관찰된다. 어린아이 같은 우둔한 행동이나 예상치 못한 흥분 반응 등 목표 지향적인 행동의 제한으로 일상생활의 활동을 수행하기가 어렵게 된다. 환경에 대한 반응성이 두드러지게 저하되는 긴장증적 행동catatonic behavior도 나타난다. 이는 지시에 거부적인 태도에서부터 경직되고 부적절한 자세를 유지하는 것, 아예 행동적 반응을 완전히 소실하는 혼미stupor까지 다양하다.

음성 증상은 다른 정신병적 장애보다는 조현병에서 특징적으로 관찰되며, 특히 감정 표현의 감소와 무의욕 증상이 두드러진다. 예를 들어, 음성 증상이 주된 조현병 환자의 경우 얼굴이나 눈맞춤, 말의 억양, 제스처 등에서 감정 표현이 감소되므로, 타인과의 의사소통이 어려울 수 있다. 감정 반응이 무미건조하여 그들이 어떤 감정을 경험하고 있는지 알기 어려우며 표현된 감정이 상황과 일치하지 않는 경우도 있어서, 상대방의 입장에서는 서로 동일하게 조율된 감정의 파동으로 대화하고 있다는 느낌을 갖기가 매우 어렵다. 또한 이러한 환자는 의욕이나 동기가 거의 없어서 어떤 것에도 흥미를 갖지 못하고 어떤 행동을 시작하지 않는다. 심한 경우 이러한 무기력은 자기관리 행동의 소홀로까지 이어져, 주변의 보호와 지지가 없다면 위생이나 청결 상태가 불량해질 수 있다.

## 2) 조현병

상기한 핵심 증상들 중 2가지 이상이 1개월 중 상당 시간 동안 존재할 때, 그리고 전구기와 잔류기를 포함하여 6개월 이상 장애의 징후가 지속될 때 조현병으로 진단된다. 대체로 10대 후반에서 30대 초반 사이에 정신증적 증상이 첫 발병하며, 20% 내외의 환자는 한두 차례의 조현병 삽화를 보인 후 회복되어 더 이상 장애를 겪지 않기도 하지만, 대부분의 환자는 평생에 걸쳐 증상이 지속된다.

장애가 만성화될 경우 환자의 생활양식도 큰 변화를 겪게 된다. 흔히 조현병 환자는 정신증적 삽화로 인한 입원과 퇴원을 반복하면서 사회와 가정의 요구에 부응하지 못하는 경우가 많다. 학업을 끝마치지 못하고 도중에 포기해야 하는 경우도 있고, 안정된 직장을 구하지 못하기도 하며, 결혼 등 지지적 인간관계를 형성하지 못하기도 한다. 가족의 보호와 지지를 받지 못할 경우에는 가정 없는 무의탁자가 되어 정신병원이나 요양시설에서 일생을 마쳐야 하는 경우도 있다. 이러한 점들을 고려할 때, 조현병 환자를 위한 의학적 치료도 물론 중요하지만, 다른 한편으로 그들의 재활과 사회 복귀를 돕는 개입과 사회복지 차원에서의 개입이 매우 절실히 요구된다.

## (1) 노년기 조현병의 특성

그렇다면 노년기에 나타나는 조현병은 어떠한 특성을 지닐까? 노년기 조현병을 논할 때는 다음의 두 집단을 구분하여 기술할 필요가 있다. 하나는 조기에 발병하여 노년기까지도 장애가 지속되어온 만성 조현병 환자 집단이고, 다른 하나는 만 45세 이후에 처음으로 발병한 만발성late-onset 조현병 환자 집단이다.

발병 연령에 따라 조현병을 구분하려는 시도는 역사적으로도 매우 오래되었다. 정신의학자 크레펠린Kraepelin은 현재의 조현병을 초기 성인기에 발병하여 이후 사고 및 인지체계, 기능이 점진적으로 쇠퇴한다는 점에서 조발성 치매dementia praecox라고 명명하였다. 그리고 이와 비교하여 망상과 환각의 증상을 지니면서도 성격 특성과 정서적 반응이 비교적 잘 유지되는 환자들은 편집분열증paraphrenia으로 구분하였다. 이후 케이Kay와 롯Roth 또한 치매는 아니지만 노년기에 발생하는 편집증적 증상을 설명하기 위하여 만발성 편집분열증late paraphrenia이라는 용어를 사용하였다.

정신장애에 대한 공식적 진단체계의 변천 과정을 살펴봐도, 조현병의 발병 시기에 대해서 진단기준이 조금씩 바뀌어 왔음을 알 수 있다. DSM-Ⅲ(1980)에서는 조현병의 발병 시기를 45세 이전으로 제한하여 45세 이후에 발병하는 경우 조현병 진단을 내릴 수 없었다. 그리고 DSM-Ⅲ-R(1987)에서는 45세의 연령 제한이 사라졌지만, 45세 이후에 발병하는 경우 '만발성'임을 명기하도록 하였다. DSM-Ⅳ(1994)와 DSM-5(2013)에서는 조현병의 연령과 관련된 기준이 모두 사라졌다.

이처럼 조현병의 발병 연령을 구분하는 것은 조발성early-onset과 만발성 조현병이 실제로는 구별되는 실체가 아닐지, 또는 적어도 다른 임상 양상이나 특성을 보이는 것은 아닐지에 대한 관심 때문이다. 일단 유병률 면에서는 만발성 조현병이 훨씬 더 드문 장애다. 외국의 한 연구에 따르면, 65세 이상 노인 인구 중에서 조현병의 유병률이 약 1% 정도였고, 이 중 85%가 45세 이전에 발병한 조발성 조현병 환자였다. 또한 만발성 조현병의 경우 여성의 발병 비율이 남성과 비교하여 2배에서 20배 정도까지 훨씬 높다.

증상 면에서는 만발성 조현병의 경우 망상주로 피해망상을 주된 특징으로 보이는 편집형paranoid type이 가장 많고, 혼란스러운 언어나 행동을 주로 보이는 해체형disorganized type은 적다. 사고장애나 음성 증상 또한 적은 편으로, 만발성 조현병 환자의 경우 정서나 사회적 기능이 비교적 잘 유지되는 경향을 보인다. 신경심리학적 연구에서는 만발성 조현병 환자가 조발성 환자에 비해 학습과 추상적 사고 능력이 덜 손상되었다는 보

고도 있다. 치료 반응 면에서도 만발성 조현병 환자가 조발성
환자보다 더 적은 양의 항정신병 약물에도 좋은 반응을 보인
다고 알려져 있다. 하지만 두 유형 모두 조현병의 가족력을 가
지고 있고 인지적 결손이 안정적으로 유지되며 항정신병 약물
에 반응한다는 점에서는 유사점을 가지고 있다.

만발성 조현병이라고 해도 만 45세 이상 발병을 기준으로
하기 때문에 노년기에 특징적인 조현병이라고 보기는 어렵다.
이와 관련하여 외국의 한 연구 그룹International Late-Onset
Schizophrenia Group에서는 만 60세 이후에 조현병이 발병한 경우
를 극만발성very-late-onset 조현병으로 따로 정의내리기도 한다.
이들의 연구에 따르면, 극만발성 조현병의 경우 조발성이나
만발성 조현병과 비교하여 체계화된 망상과 정서의 둔감화가
상대적으로 적고, 환시가 많은 경향을 보인다고 한다
(Howard, Rabins, Seeman, & Jeste, 2000).

### (2) 노년기 조현병의 감별진단

노인 환자가 정신병 증상을 보일 때는 우선 전문적인 평가
를 통해 기질적 병리가 있는지 확인해보아야 한다. 많은 기질
적 장애가 이차적으로 정신병 증상들을 수반하기 때문이다.
또한 노인 환자는 다양한 신체 질환을 갖고 있으며 이와 관련
하여 약물을 처방받거나 다양한 물질들을 사용할 수 있기 때

문에, 정신증적 증상이 이러한 원인에 의해 발생한 것인지를 잘 변별해야 한다.

치매 환자에게서도 종종 피해망상이 나타난다. 가장 흔한 것은 절도 및 의심과 관련된 내용인데, 가령 집안의 어떤 사람이 자신의 물건을 훔쳤다는 식의 망상이다. 조현병의 망상과 비교할 때, 치매에서 나타나는 망상은 단편적이고 덜 체계적이며 대인관계와 관련된 구체적인 내용이 더 많이 나타난다. 치매 환자에게서 환각 증상이 나타나는 경우도 많은데, 조현병과는 달리 환청보다는 환시가 약간 더 많이 나타난다고 보고되고 있다. 치매가 진행됨에 따라서 망상, 환각 등의 정신병적 증상들은 점차 줄어드는 경향을 보인다.

정신병적 양상을 동반한 주요우울장애나 양극성 장애도 드물기는 하지만 노년기에 발병할 수 있다. 기분 장해와 정신병 증상이 시간적으로 관련되어 있는지, 그리고 우울 증상이나 조증 증상이 얼마나 심각한지에 따라 조현병과의 감별이 가능하다. 만약 망상이나 환각이 기분 삽화 동안에만 항상 발생한다면 이는 정신병적 양상을 동반한 기분장애로 진단 내리게 된다.

망상장애와 조현병의 감별진단도 중요하다. 망상장애에서는 망상을 제외하고는 조현병에서 나타날 수 있는 두드러진 환각, 사고장애, 음성 증상들이 나타나지 않으며 기능 손상도 두드러지지 않는다.

### (3) 노년기 조현병의 원인

조현병은 다른 정신장애들보다 유전적·생물학적 요인들이 더 많이 관여되는 것으로 알려져 있다. 조현병 환자의 직계가족은 일반인과 비교하여 조현병이나 관련 질환의 유병률이 상당히 높은 편이며, 일란성 쌍둥이는 40~60%까지 발병 일치율을 보인다. 생물학적 요인으로는 신경생화학, 신경영상학, 신경생리학적 이상이 관여하는 것으로 보인다. 우선 생화학적 변화를 일으키는 항정신병 약물을 투여할 때 증상의 변화가 나타나는 것으로 보아, 뇌의 신경전달물질 중 도파민, 세로토닌 등의 불균형이 정신병적 증상 발현에 직접적인 영향을 미치는 것으로 여겨진다. 신경영상학 연구들에서는 일반인과 조현병 환자 간 뇌 구조에서의 차이가 광범위하게 보고되고 있는데, 우선 전전두엽prefrontal lobe과 측두엽을 비롯한 다양한 뇌 영역에서 세포 구조, 백질의 연결성, 회백질의 크기가 일반인과 다르다는 보고가 있다. 특히 조현병 환자의 경우 전체 뇌크기 자체가 축소되어 있으며, 나이가 들수록 이러한 축소 경향성은 더 현저해진다. 눈앞의 시표를 추적하는 안구의 움직임이나 전기생리학적 지표에서도 일반인과 차이가 관찰된다. 운동 협응이나 감각 통합의 손상, 좌우 혼동과 같은 연성 신경학적 징후neurological soft sign도 흔하다.

결론적으로 조현병은 아직까지 명백한 원인이 규명되어 있지는 않지만, 뇌의 구조적 생화학적 이상을 포함하는 기질적 장애에 기인할 것으로 가정된다. 그러나 심리사회적 요인들 또한 조현병의 발생, 경과 및 결과에 많은 영향을 미치는 것으로 알려져 있다. 예를 들어, 강한 부정적 감정이나 중요한 사람의 사망과 같은 생활사건, 지지 자원의 부재 등 환경적 스트레스가 조현병 재발에 직접적인 영향을 미칠 수 있다. 따라서 조현병은 생물학적 요인들과 다양한 심리학적·환경적 요인들이 상호작용하여 나타나는 것으로 이해하는 것이 옳다.

이러한 점에서 주빈zubin의 취약성-스트레스 모델은 조현병을 이해하는 데 시사하는 바가 크다. 주빈은 조현병이 지속적이기보다는 장애에 대한 취약성이 지속적이라고 가정한다. 그는 조현병은 본질적으로 삽화적이며, 각 삽화들은 취약성과 환경 스트레스의 상호작용의 결과로 나타난다고 보았다. 즉, 각 개인은 조현병에 대한 각기 다른 수준의 취약성을 지니고 있는데, 이러한 취약성이 스트레스 사건이나 심리적 요인들과 상호작용하여 특정 수준을 넘어설 때 조현병이 발병하게 된다는 것이다.

만발성 조현병의 경우 특징적으로 여성의 발병 비율이 남성보다 상당히 높다. 그 이유로 에스트로겐 호르몬이 체내에서 항도파민 작용을 해서 조현병의 발병을 억제하다가 폐경 후 발병이 증가한다는 가설이 있다. 하지만 여성 조현병 환자의 대부분이 폐경기 이전인 40세 전에 발병을 한다는 점에서 단순히 에스트로겐의 영향만으로 설명하기는 어려워 보인다.

이와 더불어 만발성 조현병 환자는 독신의 비율이 더 높고, 결혼한 경우에도 자녀나 친족이 더 적으며 사회적으로 더 고독한 사람인 것으로 알려져 있다. 그러나 조발성 조현병보다는 결혼을 하고 자녀를 갖는 비율이 더 높다. 병전의 사회적 고립이 발병 원인의 하나로 작용한 것인지, 아니면 비정상적인 병전 성격의 이차적 결과로 사회적 고립이 나타난 것인지는 분명치 않다. 또한 일반인에서보다 감각 결손(예: 청각 상실)이 있는 사람에게서 만발성 조현병이 더 자주 나타난다는 보고가 있다. 감각 결손이 만발성 조현병의 원인이라고 말하기는 어렵지만, 청각 등의 감각이 손상되면 외부 사건에 대해 오해하기 쉽고, 의심이 많아지며, 사회적으로 고립되기 쉽다는 점에서 노인의 감각 이상에 대한 적절한 개입이 필요할 수 있다.

### (4) 노년기 조현병의 치료

조현병 환자를 치료하기 위한 가장 우선적인 방법은 항정신병 약물을 투여하는 것이다. 항정신병 약물은 급성 증상을 완화시킬 뿐만 아니라 이후의 재발 가능성을 낮추는 데 도움을 준다. 구체적으로 정형성typical 항정신병 약물예: 할로페리돌의 경우 양성 증상들을 감소시키는 데는 효과적이나 음성 증상에 대한 효과는 제한적이며, 지연성 운동장애를 포함하여 추체외로 증상과 같은 부작용이 나타날 수 있다. 이후에 개발된 비정형성atypical 항정신병 약물예: 클로자핀, 리스페리돈, 올란자핀의 경우 양성 증상뿐만 아니라 음성 증상에도 효과적이며 추체외로 증상의 발병률 또한 낮다.

노인 환자의 경우 신체적인 취약성으로 인해 약물 부작용에 취약하므로, 항정신병 약물의 부작용과 잠재적 이점을 고려하여 적절하게 사용해야 하며, 특히 약물 처방 시 반드시 저용량으로 시작하여 천천히 증량하는 원칙을 지켜야 한다. 항정신병 약물은 젊은 시절에 발병하여 만성화된 조현병 환자나 만 45세 이후에 발병한 만발성 조현병 환자 모두에게 효과적으로 알려져 있다. 또한 노년기 조현병 환자는 젊은 조현병 환자보다 더 적은 약물 용량으로도 치료 효과를 거둘 수 있다고 한다.

항정신병 약물치료가 치료의 중심이 되기는 하지만 여기에 심리사회적 개입이 병행될 때 더 좋은 치료 효과를 기대할 수 있다. 약물치료를 통해 생물학적 취약성을 완화시키는 동시에 환경적 스트레스를 감소시키고 대처 기술을 향상시킴으로써 조현병 환자의 재발 방지와 재활을 도울 수 있다. 대표적인 에로 사회기술 훈련이 활용된다. 사회기술 훈련은 대인관계 기술을 향상시키고 일상생활의 문제를 해결하는 능력을 키우는 데 목적이 있다. 이 훈련을 통해서, 환자들은 바람직한 대인관계 행동을 배우고, 남들과 도움을 주고받을 수 있는 관계를 발전시키며, 일상생활에서 부딪치는 문제들에 대처하는 능력을 향상시키게 된다. 이 훈련은 대개 집단으로 수행되며, 교육, 시범 및 역할 연습을 하나의 단위로 하여 이루어지는 훈련을 통해서 환자에게 필요한 사회적 기술을 하나씩 가르쳐나가게 된다. 사회기술 훈련은 음성 증상을 위주로 하는 조현병 환자에게 특히 유용하다.

가족을 포함해서 환자를 돌보는 사람들에 대한 교육 또한 매우 중요하다. 가족이 비판적이고, 적대적이며, 정서적으로 깊숙이 관여할수록 조현병 재발의 가능성이 높아진다는 연구보고가 있다. 가족 간의 경계가 별로 없고 서로 간의 인격이 분리되지 않은 환경에서는 서로가 다른 가족성원의 삶에 정서적으로 너무 깊숙이 개입하게 되어 환자의 행동 하나하나에 대해서 불안이나 걱정, 분노 등 과도한 감정반응을 보이고, 환자의 삶을 보호하거나 통제하려는 태도를 보이게 된다. 이러한 태도는 오히려 환자의 독립적이고 자율적인 삶을 저해하는 결과를 초래한다. 정신건강전문가와 환자 그리고 가족이 함께 모여서 가족 간 역기능적 상호작용 패턴을 논의하고 새로

운 상호작용 방식을 훈련하는 가족치료적 접근은 환경적 스
트레스를 감소시킴으로써 환자의 재발률을 낮추는 데 효과적
이다.

조현병 환자에 대한 정확한 진단 및 약물치료의 안정화가
필요할 때, 혹은 타인이나 본인에게 위험한 행동을 보일 가능
성이 존재할 때에는 입원치료를 고려하는 것이 좋다. 하지만
조현병 환자의 기능 회복과 재활을 위해서 장기적으로는 지역
사회 기반 내에서 개입이 필요할 수 있다. 낮병원day hospital과
같이, 낮에만 병원에서 치료 프로그램에 참가하고 밤에는 가
족과 함께 생활하는 입원치료와 외래치료의 중간 치료 형태
또한 유용할 것이다. 이와 더불어 조현병 환자에게 지지적인
가족 환경이 중요하다는 것은 두말 할 필요가 없다. 많은 연구
에서 퇴원 후 가정이나 지역사회의 도움이 조현병 환자의 적
응과 재발 방지에 매우 중요하다는 것을 보여준다.

### 3) 망상장애

망상장애는 하나 또는 그 이상의 망상이 한 달 이상 지속되
는 장애다. 망상장애 환자는 망상과 관련된 영역을 제외한 다
른 영역에서는 대체로 정상적인 기능을 수행하며, 행동도 이
상하거나 기괴하지 않다는 점에서 조현병 환자와 차이가 있

다. 만약 환각을 경험한다고 하더라도 그 정도가 심하지 않고 망상의 주제와 관련되어서만 나타나는데, 예를 들어 곤충 침입에 대한 망상을 가지고 있는 환자의 경우 주변에 곤충이 들끓고 있다는 감각을 느낄 수 있다.

망상장애는 망상의 주된 주제에 따라서 피해망상, 색정망상, 과대망상, 질투망상, 신체망상 등의 하위유형으로 나뉜다. 피해망상이란 누군가가 자신을 어떤 식으로든 악의적으로 대한다는 내용의 망상으로서, 주로 자신을 해치려고 모의한다거나 감시, 미행, 사기, 독살, 방해하려 한다는 내용을 포함하는 것으로 망상장애 중에서 가장 흔한 유형이다. 이 밖에도 누군가대개는 높은 지위의 유명 인물가 자신을 사랑하고 있다고 믿는 색정망상, 자신이 아주 특별한 능력이나 재주, 통찰력을 지녔거나 신 혹은 저명인사와 특별한 관계에 있다고 믿는 과대망상, 배우자 혹은 애인의 충실과 정조를 의심하는 질투망상, 자신에게 중대한 신체적 결함이나 질병이 있다고 믿는 신체망상 등이 있다.

DSM-IV(1994)에서는 망상장애로 진단하기 위해서는 망상이 기이하지 않아야 한다는 제한을 두었다. 즉, 망상의 내용이 일상적인 현실 상황과 결부되어 있어서 실제로 일어날 수 있을 법하고 이해 가능해야 한다는 것이다. 예를 들어, 누군가가 나를 감시하고 미행한다고 믿거나 혹은 배우자가 바람을 피우고 있다고 믿는 경우, 이러한 일은 현실적으로 얼마든지 나타날 수 있는 것이어서, 생각의 내용을 실제 현실과 비교해보지 않고서는 그 생각이 망상인지 아닌지를 판단하기 어렵다. 이러한 망상은 기이하지 않은 망상이라고 부를 수 있다. 하지만 DSM-5(2013)에서는 외계인이 전파를 쏘아 자신을 괴롭힌다는 식의 기이한 내용의 망상이라 하더라도, 다른 영역의 기능 저하 없이 망상만 존재한다면 망상장애로 진단하였다.

망상장애 환자는 흔히 망상과 관련하여 우울하거나 초조한 기분을 느끼기 쉬우며, 특히 피해망상이나 질투망상을 가진 경우에는 분노나 폭력적 행동을 보이기도 한다. 관련 기관에 수백 통의 항의 서신을 보내는 등 소송을 일삼거나 적대적인 행동으로 법적인 문제에 연루되기도 한다. 결과적으로 망상장애는 환자 자신도 괴롭지만 주변 사람들도 힘들게 하며, 이로 인해 주변 사람들이 환자를 입원시켜버리고 싶을 정도로 화가 나게 만드는 경우가 많다. 주변 사람들의 입장에서는 환자를 공감하고 이해하기가 매우 어려운 일이다.

## (1) 노년기 망상장애의 특성과 감별진단

망상장애의 경우 젊은 나이에도 발병할 수 있지만, 대개는 중년기나 노년기와 같이 나이가 들어 발병하는 경우가 많다. 망상장애의 평생 유병률은 0.2% 정도로 추정되며, 가장 흔한 유형은 피해망상형이다. 흔히 '의부증, 의처증'이라고 불리는 질투망상의 경우는 여성보다는 남성에게서 흔히 나타나지만, 망상장애 전체 발생 빈도 면에서는 남녀의 차이가 관찰되지 않는다. 망상장애의 경과는 다양하나, 피해망상형 환자의 경우에 망상에 대한 집착이 늘었다 줄었다 하기는 해도 대체로 만성적인 경과를 보인다. 일부 환자는 추후 조현병으로 발전하기도 한다.

피해망상은 노년기 정신장애에서 비교적 흔한 증상이어서, 한 연구결과에 의하면 정신장애를 가진 노인의 32%가 피해망상 증상을 보인다고 한다. 노년기의 피해망상은 일차적인 망상장애에서도 나타나지만 조현병, 우울증에서도 자주 관찰되는 증상이며, 치매 등의 기질적 장애에서도 자주 나타난다.

하지만 조현병과 달리 망상장애에서는 간혹 환각이 동반된다 해도 현저하지 않으며, 사고장애, 음성 증상, 기능의 황폐화도 나타나지 않는다. 치매에서도 망상이 나타날 수 있으나, 망상장애는 인지기능의 손상이 거의 나타나지 않는다는 점에서 치매와 구별될 수 있다. 정신병적 증상을 동반하는 우울증에서도 망상장애에서처럼 현저한 환각 증상 없이 기이하지 않은 망상이 나타나는 경우가 많아서, 이 둘 사이를 감별하기가 어려울 수 있다. 우울증에서는 우울한 기간 동안에만 망상이 나타나는 반면, 망상장애에서는 망상은 지속적인 데 비해

우울 증상은 상대적으로 짧은 기간 동안에만 경미하게 나타
난다.

### (2) 노년기 망상장애의 원인

노년기에 보이는 망상장애는 젊은 시절부터 시작된 것일
수도 있고 노년기에 처음 나타난 것일 수도 있다. 망상장애가
발병하는 데에는 여러 가지 요인이 관여할 것으로 가정된다.
조현병의 가족력이 있는 경우, 그리고 병전에 편집성, 회피성,
분열성 성격장애를 보였던 사람들이 망상장애로 발전할 수
있다는 연구 보고들이 있다. 감각기능의 손상, 특히 청력 상
실이 망상장애와 관련될 수 있다. 배우자의 죽음, 실직, 은퇴,
재정적 곤란 같은 심리사회적 스트레스도 망상장애를 촉발할
수 있다. 사회적 고립은 개인이 자신의 의심을 확인할 기회를
제한하기 때문에, 망상이 유지되는 데 기여한다.

또한 노년기에 발생하는 기억력의 저하가 망상의 형성에
일부 기여할 수 있다. 실제로 노년기에 나타나는 망상장애는
기억력의 저하로 인하여 생긴 기억의 틈새를 메워 주는 기능
을 하기도 한다. 즉, '열쇠 둔 곳을 잊어버렸다'고 생각하는 대
신에 '누군가가 내 열쇠를 가져갔다'고 주장하는 것이다.

### (3) 노년기 망상장애의 치료

망상장애도 조현병과 마찬가지로 약물치료, 심리치료, 가족치료를 함께하는 것이 효과적이다. 약물치료는 주로 항정신병 약물을 사용하는데, 특히 초조 증세가 심한 망상장애 환자에게 효과적이다. 그러나 노인 망상장애 환자는 의심이 많아 약물 처방에 협조적이지 않은 경우가 많으므로 주의해야 한다. 이와 관련해서는 가족의 도움이 필요하다.

심리치료의 경우 공감적 이해와 반응이 중요하며 망상을 직접 다루는 것은 효과가 적다. 망상의 특성상 주변 사람이 아무리 그것이 잘못된 생각임을 설명하고 설득한다 하여도 교정이 되지 않으며, 치료에도 도움이 되지 않기 때문에 망상의 내용을 가지고 논쟁을 하는 것을 피해야 한다. 그보다는 환자가 망상으로 인해 받는 고통을 이해해줌으로써 치료관계가 더 공고해질 수 있고, 치료자를 안전하게 느끼는 상태에서 망상에 대한 객관적 시각이 발달할 수 있다. 그리고 망상 자체보다는 환자의 부정적 자기개념과 낮은 자존감 등 망상장애를 일으킬 수 있는 원인을 다루어주는 것이 더 근원적이면서도 저항을 줄이는 치료방법이다.

청각이나 시각에 문제가 있는 경우에는 우선적으로 보청기나 안경을 사용하도록 하고, 사회적으로 고립된 경우라면 사회적 지지를 받을 수 있도록 대인관계 증진을 위한 프로그램

을 적용할 수 있다. 정기적인 지지치료를 통해 가족 및 친지와
의 관계를 재정립하고, 환자의 적절한 행동에 계속적인 관심
과 주의를 기울여주어야 한다.

　망상장애 노인 환자와 함께 생활하다 보면 가족이 지쳐서
결국 입원을 고려하는 경우가 많은데, 격리 목적의 입원은 최
후의 수단으로 고려하는 것이 좋다. 왜냐하면 일시적으로 가
족과 환자가 격리될 수는 있지만, 입원 자체가 망상을 강화할
수도 있기 때문이다. 망상적 사고가 얼마나 심각한가보다는
주변 사람들이 얼마나 인내할 수 있는가에 따라 입원 결정을
내리는 것이 좋다. ◆

# 6. 성기능장애

　흔히 노인이 되면 성적 관심이나 욕구가 모두 없어진다고 생각한다. 그래서 노인의 성적 관심이나 행동에 대해서 주책이나 망령이라는 식의 점잖지 못하고 비정상적인 행위로 받아들이는 경향이 있다. 하지만 실제 대다수의 노인은 젊은이와 유사한 성적 관심이나 욕구를 유지하고 있다. 물론 나이가 들면서 성기능이 감퇴할 수는 있지만, 고령의 노인 또한 젊은 사람과 마찬가지로 성적인sexual 존재이며 성적 활동을 통해 자기 존재감이나 삶의 만족을 추구한다.

　2010년도 인구보건복지협회 노인 성상담실에서 진행된 상담 사례를 분석한 결과에 따르면(서정애, 2012), 남성 노인의 상담 신청이 79%에 달했다. 이들의 상담을 내용별로 살펴보면, 성기능에 대한 상담이 29%, 부부간 성 갈등에 대한 상담이 23.5%로 가장 높은 빈도를 차지하였고, 다음으로는 자위

행위에 대한 상담이 8.1%로 보고되었다. 상대적으로 여성은 부부 성 갈등(19.2%), 이성교제(15%), 성기능(14.2%) 순으로 상담실을 많이 찾았다. 이는 노인도 성적 욕구에 대한 관심이 지대하며, 또한 고령의 나이에도 부부 사이에 성적 욕구가 제대로 충족되지 못했을 때는 그 해결방안을 찾고자 노력한다는 것을 시사한다.

## 1) 노화에 따른 성반응의 생리적 변화

성반응 주기는 크게 성욕구 단계, 흥분 단계, 절정 단계, 해소 단계로 나눠진다. 성욕구 단계에서는 성행위에 대한 공상과 성행위에 대한 욕구가 증대된다. 흥분 단계에서는 성적 쾌감을 느끼면서 실제 생리적인 변화가 일어나는데, 구체적으로 남성의 경우에는 발기가 일어나고 여성의 경우에는 질 윤활액의 분비와 질 확장, 외부 성기의 팽창이 일어난다. 절정 단계에서 성적 쾌감이 최고조에 이르면서 남녀 모두 회음근과 생식기의 주기적인 수축이 일어난다. 특히 이 단계에서 남성은 사정을 통해 정액을 분출하게 된다. 해소 단계에서는 근육이 이완되고 전반적인 만족감을 느끼게 된다. 이때 남성의 경우 생리적으로 상당 기간 더 이상 발기가 안 되는 불응기를 경험할 수 있는 반면, 여성은 거의 즉각적으로 추가적인 자극에 반응할 수 있다.

성적 능력에는 개인차가 심하기 때문에 집단 간 차이를 특정 개인에게 적용할 수는 없지만, 연구결과 대체로 노인과 젊은 사람 사이에는 다음과 같은 성반응의 차이가 있었다.

여성의 경우 성호르몬인 에스트로겐이 40대 후반이나 50대 초반이 되면 거의 분비되지 않고 폐경에 이른다. 이에 따라 성기의 윤활 기능이 떨어지고, 가렵거나 타는 듯한 느낌이 증가한다. 절정기 동안의 질 수축 빈도도 줄어들고, 경련성 수축이 많아져 불쾌감과 통증을 유발할 수 있다. 에스트로겐이 결핍되면 피부 감각이 상실되어 애무나 삽입 시 쾌감을 느끼지 못할 수도 있다. 젊었을 때와 비교하여 성적 각성에 더 오랜 시간이 걸릴 뿐만 아니라, 절정기 이후에는 각성 수준이 더 빨리 떨어진다. 그러나 여성이 젊은 시절부터 주 1~2회씩의 정기적인 성적 자극을 받아왔다면 이러한 생리적인 변화들은 상대적으로 강하지 않다.

남성의 경우 약 60세부터 성호르몬인 테스토스테론이 점진적으로 감소하기는 하나 여성 호르몬 수준만큼 감소하지는 않는다. 정자의 생산은 90세 이상까지도 유지되므로 임신 능력도 제한되지 않는다. 하지만 젊은이보다 발기하기까지 시간이 더 걸리며 사정에 대한 감각은 더 줄어든다. 절정기에 수축의 강도와 빈도가 줄어들고 정액의 양이나 정자의 수도 적어진다. 사정 후에는 발기가 더 급격히 사라지고 재발기에 걸리는 시간도 길어진다. 하지만 노화로 인한 이러한 정상적인 생리적 반응의 차이를 성기능장애로 오인해서는 안 된다.

## 2) 남성 발기장애

성상담실을 찾는 60~70대 남성 노인의 경우 성기능 저하, 특히 발기부전에 대한 관심이 높다. 그렇다면 실제로 노년기에 발기장애erectile disorder가 발생할 가능성이 높을까? 발기장애는 연령과 발생 유병률 간에 높은 상관이 관찰된다. DSM-5(2013)에 따르면 50대 미만의 남성 중 약 2%만이 발기와 관련된 문제를 보고하는 반면에, 60대 이상의 남성에게서는 40~50%에서 유의미한 발기 문제를 가지는 것으로 보고되고 있다. 국내의 역학조사 결과에서도 30대의 14.3%, 40대의 26.2%, 50대의 37.2%, 60대의 69.2%, 70대의 83.3%에서 각각 발기부전이 있었다는 보고가 있다.

발기장애로 진단 내리기 위해서는 최소 6개월 이상 거의 모든 성적 활동에서 발기를 하거나 유지하는 데 곤란을 보이며, 이로 인한 임상적으로 유의미한 고통을 경험해야 한다. 만약 다른 정신장애예: 주요우울장애, 불안장애 등나 유의미한 스트레스예: 실직, 사별, 등, 성파트너와의 불화, 다른 의학적 상태예: 심혈관질환로 인해 성기능 부전이 발생한다면 발기장애로 진단되지 않는다. 알코올이나 진정제, 수면제 등 물질이나 약물 사용에 따른 결과로 성기능장애가 발생하는 경우에는 물질/약물로 유발된 성기능 부전substance/medication-induced sexual dysfunction으로 진단되어야 한다.

### (1) 발기장애의 원인

발기란 성적 자극을 받은 후 분비되는 신경 신호에 의해 음경해면체 평활근이 이완되고 이때 해면체 동맥으로 혈액이 유입되면서 음경의 압력이 증가하여 일어나는 현상이다. 발기 자체가 신경계, 혈관계, 내분비계 등이 복합적으로 작용하는 복잡한 과정인 만큼, 이 중 하나라도 조화롭게 작동하지 않으면 발기부전이 일어날 수 있다. 예를 들어, 음경 동맥에 혈액 공급이 제대로 이루어지지 않거나, 뇌출혈로 인하여 발기를 지시하는 중추신경계에 장애가 발생하거나, 남성호르몬인 테스토스테론이 저하된다면 발기가 제대로 이루어지기 어렵다.

다른 신체적 질환에 의해서도 발기가 제한될 수 있다. 특히 발기부전 환자는 심혈관계 질환을 동반하고 있는 경우가 많다. 따라서 고혈압, 당뇨병, 고지혈증 등 심혈관계 질환의 위험인자는 발기장애의 위험인자이기도 하다. 이외 비만, 흡연, 음주 혹은 약물중독 또한 발기부전의 위험성을 증가시킨다.

노인의 경우 연령의 증가와 더불어 다양한 신체질환을 나타내
므로 발기부전을 경험할 가능성도 더 높아진다.

심리적인 요인도 발기부전의 원인이 될 수 있다. 심한 스트
레스를 받거나 불안 수준이 높아지면 교감신경계가 과도하게
흥분되면서 혈관을 수축시키고 발기에 필요한 음경해면체 평
활근의 이완을 방해하여 발기부전이 나타날 수 있다. 예를 들
어, 성파트너와의 관계에서 오는 스트레스나 긴장이 발기에 영
향을 미칠 수 있다. 그리고 한 번 발기부전이 발생하면 성행위
자체에 대한 부담감이나 불안이 증가하여 발기부전이 지속되
는 악순환이 발생하기도 한다. 노인의 경우 노화에 대한 신경
과민이나 우울증으로 인하여 성기능장애가 야기되기도 한다.

심인성 발기부전의 경우 증상이 갑자기 발생하고 경과가
다양하게 나타나는 반면, 기질적 원인의 발기부전인 경우에
는 증상이 서서히 진행되고 항상 발기가 불가능하며 점차적으
로 악화되는 경향을 보인다. 흔히 야간이나 아침의 발기는 정
상적으로 유지되면서 상황이나 상대방에 따라 선택적으로 발
기부전이 일어난다면 심인성일 가능성이 높다.

## (2) 발기장애의 치료

발기장애의 치료를 위해서는 환자뿐 아니라 가능하다면 파
트너도 함께 상담을 받는 것이 좋다. 약물치료부터 음경해면

체내 자가주사법, 진공음경흡입기 사용, 외과적인 시술까지 다양한 치료법이 사용되므로, 각 치료의 장단점과 현재 환자의 상태, 그리고 환자와 파트너의 선호도까지 고려하여 치료법을 결정하는 것이 필요하다.

경구용 발기부전치료제의 경우 간편한 복용 방법과 60~80%의 높은 치료 성공률로 인하여 가장 많이 선호되는 치료법이다. 사실상 1998년에 실데나필sildenafil, 제품명 비아그라이 개발되어 임상장면에 사용되면서 발기부전 치료는 획기적인 전기를 이루었다고 할 수 있다. 하지만 부작용으로 말초성 혈관확장에 의한 두통, 안면홍조, 코막힘 등이 발생할 수 있으며, 심한 당뇨병 환자나 근치적 전립선 적출술을 받은 환자는 40~50% 내외로 약물 효과가 떨어지는 편이다. 또한 심혈관계 질환이 있는 경우에는 심장마비 등의 사고 가능성이 있어, 저위험군에서는 발기부전치료제의 처방이 바로 가능하지만, 중등도 또는 고위험군에서는 발기부전 치료를 연기하도록 제안하고 있다.

이외에도 약물에 반응이 없는 경우에는 혈관이완제를 처방받아 음경해면체내에 본인이 직접 주사를 놓을 수도 있다. 치료 효과는 좋은 편이지만, 주사법에 대한 교육이 선행되어야 하며, 부작용으로 통증이나 발기 지속증 등이 나타날 수 있다. 진공음경흡입기는 진공을 이용하여 강압적으로 음경해면체내 혈액 유입량을 증가시킨 후 압축밴드로 혈액의 유출을 막아 발기를 유발 및 유지시키는 기구다. 효과율 80~90% 정도로 매우 효과적인 치료방법이지만 국내에서는 감각 저하와 차가운 느낌 때문에 선호되지 않는 경향이 있다. 만약 여기에도 반응이 없는 심한 발기부전 환자의 경우에는 음경보형물삽입술 등의 수술 치료를 고려하기도 한다.

발기부전에 심리적인 요인이 작용하는 경우 환자 개인의 상담치료 또는 부부나 연인이 함께 성치료를 받는 것이 필요하다. 흔히 성기능 부전에는 다음과 같은 요인들이 관여하는 경우가 많다. 부인이나 남편 혹은 애인의 건강이 좋지 못하거나 성기능장애를 가지는 등 파트너에게 문제가 있는 경우, 부부 또는 연인 간 의사소통이 저조하거나 불화가 있는 등 관계의 어려움이 있는 경우, 또는 본인이 예전 성학대를 당한 경험이 있는 등 성에 대한 취약성을 가진 경우, 우울장애나 불안장애와 같은 정신과적 공병질환을 가진 경우, 실직이나 사별 등으로 인한 스트레스가 심한 경우, 문화적·종교적으로 성을 죄악시한다든지 성관계를 억압하는 환경인 경우 성기능 부전이 발생 및 유지될 수 있다. 따라서 개인의 심리적 갈등이나 성에 대한 콤플렉스를 해소하고, 성파트너와는 성에 대한 서로의 생각을 나누고 친밀한 관계를 도모하여 보다 건강하고 자연스럽게 성관계를 맺을 수 있도록 돕는 것이 중요하다.

또한 이와 더불어 발기장애의 위험인자 및 동반질환을 적

극적으로 관리하려는 노력이 필요하다. 당뇨, 고혈압, 고지혈
증 등이 동반되어 있는 경우에는 이를 우선으로 치료해야 한
다. 흡연, 비만, 운동부족 등은 생활양식의 변화를 통하여 교
정이 가능하다. 건강한 생활습관을 통하여 건강한 신체와 마
음을 유지하는 것이 발기장애의 치료뿐만 아니라 예방에도 효
과적이다.

## 3) 여성 성기능 부전

남성 노인과 비교하여 여성 노인은 상대적으로 자신의 성
관계나 성기능에 대한 관심이나 고민을 드러내는 경우가 적
다. 하지만 이는 한국의 노인들이 여성의 성에 대한 욕구나 표
현을 금기시하는 사회 · 문화적 환경 속에서 성장한 것과 관련
이 있어 보인다. 또한 대부분 여성 노인의 경우 현재 남편이
사망하거나, 남편이 있더라도 상대적으로 남편의 연령이 높
아 신체적 질병 상태에 처해 있어 가용한 성행위 상대가 없기
때문에 이러한 문제가 드러나지 않을 수 있다.

하지만 이러한 외부적 요인 때문이 아니라 오랜 기간6개월 이상
성욕 자체가 감퇴되어 있거나 성적 흥분을 경험하지 못하고
이로 인해 심한 불편감을 느낀다면 여성 성적 관심/흥분 장애
female sexual interest/arousal disorder로 진단될 수 있다. 해당 장애를

가진 여성은 흔히 성적 활동에 대한 관심이 없으며 성적 사고나 공상도 잘 하지 않는다. 스스로 성관계를 시도하지 않을 뿐만 아니라 상대방의 시도에도 반응하지 않는다. 또는 성행위를 하더라도 거의 모든 상황에서 성적 흥분이나 쾌감을 느끼지 못하거나 성기의 윤활-부종 반응과 같은 신체 감각을 느끼지 못할 수 있다. 성적 흥분 상태에는 도달하나 반복적 또는 지속적으로 절정감이 지연되거나 결여되는 경우에는 여성 절정감장애female orgasmic disorder로 진단내릴 수 있다.

아직까지 여성 성기능 부전의 정확한 유병률은 알려져 있지 않으며, 특히 연령, 문화, 증상의 기간, 주관적인 불편감을 느끼는지에 따라 유병률은 상당한 차이가 있다. 30~75세 미국 여성 3,200여 명을 대상으로 성기능을 조사한 대규모 연구(Lutfy et al., 2009)에서는 연구 대상자의 49%가 지난 4주 동안 성경험이 없었고, 그 이유로 이들 중 51.5%는 성적인 관심이 없기 때문에, 60.8%는 성파트너가 없기 때문이라고 보고하였다. 성경험이 있는 여성들 중에서는 38.4%가 성적 문제가 있다고 보고하였다. 국내에서도 20~40대 가임 여성을 대상으로 성기능장애의 유병률을 조사하였을 때 약 43% 정도가 이에 해당한다는 연구 보고가 있다. 하지만 여성 노인에 한정시켜 성기능장애의 유병률을 조사한 연구는 제한적이므로, 여전히 이들의 성적 욕구나 성생활에 대해서는 정보가 부족한 실정이다.

여성 성기능장애의 원인으로는 신체적 요인과 심리적 요인
이 모두 작용할 수 있다. 폐경 이후 여성 호르몬인 에스트로겐
이 감소하면서 자연스럽게 성욕이 저하될 수 있다. 이외에도
당뇨나 위축성 질염 등 신체적인 질환이 있는 경우, 출산으로
인하여 질이나 골반 근육이 이완되어 있는 경우 성적 관심이
나 쾌감이 줄어든다. 심리적 요인으로 만성적인 스트레스나
불안, 우울에 의해 성욕이 저하될 수 있다. 정신분석적 입장에
서는 남근기 동안 오이디푸스 갈등oedipal conflicts 또는 엘렉트라
갈등Electra conflict이 해결되지 않고 억제되어 성에 대한 무의식
적 공포나 죄책감을 가지기 때문에 성욕이 감퇴하거나 혐오
반응을 보인다고 보았다. 또한 이외에도 기혼 여성의 경우 부
부간 불화나 남편에 대한 분노의 표현으로 성적인 활동이 저
하되거나 중단될 수 있다.

폐경기 증상으로 인하여 성기 감각이나 쾌감이 저하된 경
우라면 여성호르몬 보충 치료를 통해서 호전이 가능하다. 외
성기의 혈류를 개선시켜 성적 흥분을 증대시키고자 혈관확장
제를 이용하기도 한다. 약물치료 이외에도 케겔 운동으로 알
려진 질 근육 강화 운동이나 젤과 같은 보조 용품의 사용이 성
적 쾌감 향상에 도움을 줄 수 있다. 무엇보다 여성의 경우 성
적 관심이나 흥분에 있어 개인의 심리역동적인 측면이나 파트
너와의 정서적 친밀감이 많은 영향을 미치므로, 이와 관련된

심리치료가 도움이 된다.

### 4) 노년기 성 인식

노인을 무성적asexual 존재로 치부하는 사회적 편견 속에서 흔히 노인 스스로도 성생활이 끝났다고 결론짓고 성을 부도덕하거나 부정적인 것으로 인식하고 피하는 경향이 늘게 된다. 따라서 노인의 성기능장애 치료에서 가장 중요한 것은 성에 대한 부정적인 태도와 사회적 편견을 해소하는 일로서, 성에 대해 보다 적극적인 자세를 갖도록 도와줄 필요가 있다. 서정애(2012)는 이와 관련하여 노인의 성행동에 대해서 단순히 성적인 만족감 때문이 아닌, 외로움을 해소하고 친밀감이나 애정을 획득하며 자기 존재감을 확인하고자 하는 다양한 동기로 이해할 수 있어야 한다고 제안하였다.

이와 더불어 노년기에 가질 수 있는 다양한 신체적 질병과 관련된 성적 한계와 대안을 알려주는 것도 중요하다. 사실상 노화로 인한 생리적 변화와 그에 따른 성기능의 변화는 정상적인 흐름이다. 하지만 특히 남성 노인의 경우 젊은 시절과 비교하여 현재 정상적인 성역할을 하지 못하고 있다고 느끼며 성적인 불만족감이 증가하거나 이로 인하여 배우자와 갈등을 빚는 경우가 많다. 따라서 성관계를 단순히 발기와 사정이라는 남성의 역할로 한정시켜 생각하기보다는 상대방과 교감하고 친밀함을 경험할 수 있는 관계라는 테두리 내에서 보다 다양하고 유연한 방안들을 찾는 것이 필요하다.

이를 위해서는 부부간에 개방적이고 솔직한 대화와 성적인 측면 이외에서의 관계 유지 노력이 또한 중요하다. 부부간 서로의 성적 욕구와 성적인 자극에 반응하고 쾌락을 경험하는 능력에 대해서 인식하고 있으며, 이러한 부분에 있어 서로 균형을 맞춰나가는 노력이 필요할 것이다. 이와 관련하여 부부 상담이나 부부 성치료가 도움이 될 수 있다. 또한 여성의 경우 부부간 불화로 인하여 성관계를 거부하는 경우가 많으므로, 먼저 부부관계를 돈독하고 친밀하게 유지하려는 노력이 선행되어야 할 것이다. 사별이나 이혼 후 혼자 지내는 노인들의 경우에는 성생활이 더욱 제한될 수밖에 없다. 이들이 이성을 만나 건강하게 교제할 수 있는 사회적 여건 또한 필요하다.

마지막으로 최근 성매매나 아동 성추행과 같은 노인 성범죄가 증가하면서 노인의 성 인식이 큰 관심 사안으로 떠오르고 있다. 성매매는 법적인 문제를 야기할 뿐만 아니라, 성병 감염 등 노인의 건강을 위협하고 있다. 이와 관련하여 노인에게 성에 대한 정확한 지식을 전달하고 올바른 성윤리와 가치관을 정립할 수 있도록 돕는 성교육 프로그램들을 더욱 활성화할 필요가 있다. ◆

**노인의 성생활 인식도**

　아래는 노인의 성생활 인식에 대한 질문지로 총 10개의 문항이 나와 있다. 각 문항에 대해 전혀 그렇지 않다(0점)에서 매우 그렇다(4점)까지 5점 척도 내에서 현재 생각하는 바를 솔직하게 표시한다. 점수가 높을수록 성에 대한 인식이 높음을 뜻한다.

1. 노인이 되어서도 성생활에 대해 누군가에게 터놓고 상의하는 것이 현명하다.
2. 노인이 되어서도 성생활에 만족하지 못하면 마음의 평화를 얻기가 힘들다.
3. 나이가 들어서도 성적 능력을 유지하기 위해서는 성생활을 자주 해야 한다.
4. 성생활은 젊었을 때나 필요한 것이지 늙으면 필요 없다.
5. 비록 몸은 늙었어도 성생활에 대한 마음은 항상 굴뚝같다.
6. 노인이 되어서도 성에 대한 관심은 줄어들지 않는다.
7. 요즘 많은 성 기구나 정력제들이 나온다고 하는데 이런 것을 구할 수 있으면 한 번 사용해보고 싶다.
8. 성생활을 못하면 살맛도 없고 의욕도 없다.
9. 배우자가 없더라도 성생활은 하고 싶다.
10. 성생활은 나를 살아있다고 느끼게 해주는 것이다.

출처: 이창은(1999).

# 7. 물질관련장애

보건복지부에서 실시한 정신질환 실태조사(2011)에 따르면, 우리나라 남성의 알코올 사용장애의 유병률은 다른 어떤 정신장애보다 가장 높은 것으로 나타났다. 일부 연구에 의하면 노년기에는 알코올을 비롯한 여러 물질의 사용이 젊은 연령층에 비해 줄어드는 것으로 알려져 있긴 하지만, 평균 수명의 연장과 급증하는 노인 인구의 추세를 감안했을 때 물질 관련 문제가 증가할 가능성이 높다. 노년기에는 물질 사용으로 인한 합병증으로 조기 사망할 위험이 더 크며, 사회적 문제들도 많이 야기된다. 노인의 경우 물질 사용 양상을 정확히 보고하기를 꺼려하고, 다른 신체적 문제가 더욱 시급하게 여겨지기 때문에 의사조차 물질관련장애를 발견하지 못하는 경우도 있어 노인의 물질관련장애의 유병률이 실제보다 적게 보고되었을 가능성이 있다.

술, 담배, 마약 등과 같은 중독성 물질의 과도한 사용으로 인해 심리사회적 부적응을 초래하는 정신장애를 물질관련장애라고 한다. 물질관련장애substance-related disorders는 DSM-5 (2013)에서 물질관련 및 중독 장애susbstance-related and addictive disorders의 한 하위장애에 해당되며, 다시 물질사용장애와 물질유도성장애로 구분하여 진단하게 된다.

물질사용장애substance use disorders는 술, 담배 등과 같은 특정한 물질을 과도하게 사용함으로 인해 개인적 고통과 사회적 부적응을 초래한 경우를 말한다. 술이나 담배, 마약 등을 과도하게 너무 오랫동안 마시거나, 건강에 좋지 않다는 점을 인식해서 줄이려고 노력하나 번번이 실패하며, 그로 인한 직업상의 부적응 및 대인관계 문제 등을 초래하는 경우가 점차 늘어난다. 물질유도성장애substance-induced disorders는 특정 물질의 섭취 시에 중독이나 금단과 같은 부적응 증상이 나타나는 경우를 의미한다. 특정 약물의 섭취로 인해 운동조정 장해나 불안정한 걸음, 안구 진탕, 인지기능의 손상 등과 같은 부적응적인 행동 및 신체적 변화가 나타날 경우 중독으로 간주되며, 물질의 사용을 일시적으로 중단했을 때 여러 가지 신체생리적 또는 심리적 이상 증상이 나타날 경우 금단으로 진단될 수 있다.

우리나라 노인 집단의 물질관련장애는 주로 알코올, 니코틴, 처방 약물의 사용과 관련되어 있다. 젊은 층과는 달리 마약류에 의한 문제는 매우 드물게 나타나는 한편, 처방 약물의 남용과 비처방 약물의 부적절한 복용 등이 문제가 되는 경우가 있다.

## 1) 알코올 사용장애

1990년대까지는 우리나라의 알코올 사용장애 유병률이 청·장년층보다 노년층에서 더 높은 것으로 알려졌으나, 2000년대 이후로는 이와 반대되는 현상이 보고되었다. 즉, 60세 이상 노인이 60세 이하의 연령보다 알코올 사용장애 위험이 더 낮은 것으로 보고된 것이다. 조맹제(2011)의 역학 조사에 따르면, 18~39세의 알코올 사용장애 유병률이 11.4%, 40~59세가 7.8%, 50~74세가 3.0%로 지속적으로 감소하는 경향을 보인다. 이는 노년기의 정신건강을 생각할 때 다행스러운 일이지만, 이러한 현상이 관찰된 배경에는 심각한 알코올 사용자들이 오래 살지 못하기 때문일 수 있다는 점을 염두에 두어야 한다.

노년기 알코올 중독자들은 두 집단으로 구분될 수 있다. 2/3 정도는 청·장년기부터 시작된 경우이고, 나머지는 50세 이후에 시작된 경우다. 후자는 대부분 이혼이나 사별, 혼자 살게 된 경우, 은퇴, 심각한 건강 문제 등 스트레스와 관련된다.

**노인용 알코올 문제 선별검사**

1. 음주 후 심박동이 증가하거나 가슴이 뛴 적이 있나요?
2. 다른 사람에게 음주량을 실제보다 줄여서 이야기한 적이 있나요?
3. 음주 후 졸려서 의자에 앉아 주무신 적이 있나요?
4. 음주 후 식사를 거른 적이 있나요?
5. 음주가 당신의 손 떨림을 감소시킨 경우가 있나요?
6. 음주 때문에 낮이나 밤 동안의 일을 기억하지 못한 적이 있나요?
7. 하루 중 어떤 시간 전에는 술을 마시지 않는다는 나름대로의 원칙을 가지고 있나요?
8. 과거에 즐기던 취미나 활동에 흥미를 잃은 적이 있나요?
9. 아침에 깼을 때 전날 저녁의 기억을 못한 적이 있나요?
10. 주무시는 데 술이 필요한 적이 있나요?
11. 가족에게 술병을 숨긴 적이 있나요?
12. 모임에서 과음 때문에 실수를 한 적이 있나요?
13. 음주가 건강을 해칠지 모른다고 걱정을 한 적이 있나요?
14. 당신은 자기 전에 술을 마시고 잠자리에 드나요?
15. 당신과 가까운 사람이 사망한 이후 당신의 음주가 증가되었나요?
16. 일반적으로 직무로 밖에 나가는 것보다 집에서 음주하는 것을 더 좋아하나요?
17. 당신은 과거보다 현재 더 많은 양의 술을 마시고 있나요?
18. 당신은 긴장을 풀거나 진정시키기 위해 가끔씩 술을 마시나요?

19. 당신의 문제를 잊어버리기 위해 술을 마시나요?
20. 당신의 삶 속에 상실을 경험한 이후 음주가 더 많아짐을 경험했나요?
21. 가끔 과량의 술을 마신 후 운전하시나요?
22. 의사나 간호사가 당신의 음주생활에 대해 걱정하는 말을 한 적이 있었나요?
23. 당신의 음주생활을 통제하기 위한 방법을 마련한 적이 있나요?
24. 당신은 외로울 때 술의 도움을 바라시나요?

---

위의 24개 문항에 대해 '예'라고 대답한 문항이 5개 이상이면 음주문제가 있을 가능성이 있다.

출처: Bow, Brower, Schwlenberg et al. (1992).

그렇지만 이런 구분 자체는 큰 의미가 없을 수도 있다.

노년기에는 알코올에 대한 감수성이 높아지기 때문에, 성인 환자보다 적은 양을 마시더라도 신경과 신체에 훨씬 더 많은 위해를 초래할 수 있다. 알코올이 복용하고 있던 약물과 상호작용을 일으켜 부작용의 해소가 더딜 수도 있고, 인지장애 및 낙상으로 인한 부상의 우려도 노인에게서 더 높다.

## 2) 불법적인 물질의 사용

마약 등 불법적 물질 사용의 경우 노년기에 증가된다는 증거는 없고, 특히 젊은 사람에 비해 그 비율이 낮은 것으로 알려져 있으나, 과거보다는 증가하고 있는 것으로 보고되고 있다. 우리나라의 경우 35~44세의 0.3~0.7%, 45~65세의 0.9~1.5%가 물질 남용 및 의존자로 보고되고 있다.

## 3) 처방된 약물의 오남용

노인의 경우 마약이나 알코올 문제보다 더 심각한 것은 의학적으로 처방된 약물을 오용하는 것이다. 노인은 약물의 흡수, 대사, 배출 과정이 젊은 사람과 다르기 때문에 부작용이나 중독 가능성이 더 높다. 게다가 처방전을 잘못 이해하거나 약물 설명서에 기재된 복용법을 잘못 이해하여 약물을 잘못 복용할 가능성이 많기 때문에 약물 오용 가능성은 더 커지게 된다. ◆

210

# 8. 수면-각성 장애

　노인은 수면문제를 자주 호소한다. 노인의 25%가 심한 불면증을 호소하고, 20%는 그 정도는 덜하지만 수면곤란을 호소한다. 가장 흔한 불면증의 유형은 밤에 자주 깨고, 새벽에 자주 깨서 다시 잠들기 힘들며, 낮에는 피곤하다고 하는 것이다.

　노인의 자연스러운 노화 과정으로 수면잠복기와 수면 중 각성 횟수가 증가하고 수면의 질이 떨어지는 양상으로 변화가 나타난다. 수면 중 깨어나는 경우가 성인은 2% 정도로 나타나지만 65세 이상 노인은 거의 대부분이 수면 중 한 번 이상은 깬다고 할 수 있다. 저녁에 일찍 졸리지만 잠들기 어렵거나 자주 깨고, 혹은 아침에 너무 일찍 일어나게 되어 주간의 졸림증이나 집중력, 기억력 감퇴, 삶의 질의 전반적인 저하가 일어날 가능성이 있다.

이러한 수면 패턴의 변화 이외에도 여러 가지 질병, 약물, 카페인, 스트레스, 불안, 우울, 활동 부족, 나쁜 수면습관 등에 의해 수면-각성 장애가 생길 수 있다. 또한 신경통이나 관절염으로 인한 통증도 불면증을 유발한다. 수면무호흡증도 연령에 따라 증가한다.

원인이 무엇이든 수면에 대한 강박적 집착, 예를 들어 수면시간 및 수면시도 시간을 재고 압박감을 느끼거나 수면제를 과도하게 복용하는 등으로 인해 수면-각성 장애가 더욱 악화될 수 있다.

이러한 수면과 관련된 정신장애를 DSM-5(2013)에서는 수면-각성 장애sleep-wake disorders로 명명하고 하위장애를 10가지로 좀 더 세분화해서 제시하고 있다. 불면장애, 과다수면장애, 기면증, 호흡관련 수면장애, 일주기리듬 수면-각성 장애, 사건수면예: 비REM 수면-각성 장애, 악몽장애, REM 수면행동장애, 초조성 다리 증후근, 물질/약물 유도성 수면장애 등이 이에 해당된다.

이들 중 불면장애는 노년기뿐 아니라 전 생애에 걸쳐 가장 보편적으로 나타나는 수면장애의 형태다. 잠드는 것이 문제거나, 수면을 유지하는 데 문제가 있거나, 새벽에 깨어나 다시 잠들지 못하는 문제를 호소할 수 있다. 불면장애의 치료에는 주로 약물치료로서 수면제가 처방된다. 과거에는 수면제를 자주 복용할수록 그 효과가 감소되고, 장기간 복용하면 얕은 잠을 자게 되어 REM 수면 등 깊은 잠이 줄어드는 부작용이 생기는 경우가 많았다. 그 결과 REM 수면이 반동적으로 증가하여 악몽에 시달리기도 한다. 또한 약물 부작용으로 수면무호흡증이 나타날 수 있다. 벤조디아제핀<sub>발륨</sub> 등이나 삼환계 약물은 새로운 정보를 학습하고 사고를 명료하게 하는 능력에 손상을 가져올 수 있다. 그러나 최근 들어 이러한 부작용을 상당부분 개선한 수면제가 많이 개발되고 있으며, 환자 스스로 수면제를 처방하고 복용하는 경우도 많아지고 있다.

노년의 불면장애를 치료하기 위해서는 불면장애의 경과 기간 및 심각도, 악화 및 완화 요인, 신체적 질환 및 처방 약물의 사용여부 등을 사전에 조사하여 전문적인 치료 계획을 세울 필요가 있다. 그리고 이완훈련이나 수면습관 변화를 위한 훈련도 도움이 된다. 수면습관 변화를 위한 훈련으로는 규칙적인 수면습관을 들이고, 수면시간에 TV 시청 등 다른 활동을 줄이며, 잠이 안 올 때는 침실을 나가 다른 활동을 하거나 다른 방으로 가는 것 등이 있다.

만성적인 불면장애를 가진 노인의 경우 인지행동적 심리치료도 도움이 된다. 이들은 잠을 잘 자는 사람보다 더 빈번하고 강하게 역기능적 신념 및 태도를 가지고 있는 경향이 있다. 예를 들어, '낮에 생활을 잘 하려면 반드시 8시간 이상의 수면이 필요하다'고 믿는 사람의 경우, 이러한 강박적인 신념으로 인해 오히려 잠드는 데 어려움을 겪게 되고, 낮에 충분히 제 기능을 발휘하지 못할 것이라 스스로 단정 짓고 무기력해진다. 따라서 개입의 목표는 비현실적인 수면 기대, 불면장애에 대한 오해, 그 결과에 대한 잘못된 귀인이나 확대, 수면 과정을 통제하려는 과도한 시도, 학습된 무기력 등을 수정하는 것이 된다(Morin, 1993). ◆

# 노년기의 건강하고
# 행복한 삶

**4**

# 1. 성공적인 노년기

## 1) 성공적인 노화란 무엇인가

과연 노년기는 절망적인 시기인가? 행복한 노후생활이라는 게 존재하는가? 지금까지 많은 연구가 노화나 노인문제 등과 같은 부정적 측면에 집중되어 왔으나, 노령화 사회로 접어들면서 행복한 노후 생활을 영위하는 일이 점차 강조되고 있다. 실제로 몇몇 연구를 통해 젊은이들이 추측하는 것처럼 노인이 더 불행하지 않다는 주장이 제기되었다. 16개 국의 국민들을 대상으로 실시한 조사에 따르면 행복도에 대한 연령의 차이는 크지 않지만 15~24세 시기와 65세 이상의 시기에 있는 사람들이 조금 더 행복한 것으로 나타나기도 하였다.

성공적인 노화successful aging는 과연 어떤 모습일까? 이에 대한 답은 간단하지 않지만 크게 2가지 상반된 이론이 제기되고 있다. 하나는 활동설activity theory이다. 활동설이란 노년기에도 여전히 적극적인 활동을 유지하는 것이 바람직하고 성공적인 적응방식이라고 보는 입장이다. 이 이론에 따르면, 직업으로부터 은퇴한 후에도 적극적인 생산활동이나 사회활동을 지속해야 하고, 활발한 대인접촉이 필요하다. 제2의 인생을 맞이하듯이 새로운 경험과 도전을 추구하며 활동적으로 사는 것이 바람직하다. 예를 들어, 노년기에 필연적으로 경험하게 되는 배우자나 친구의 사망에 대해서도 적극적으로 새로운 친구로 대치하여 정서적 교류를 유지하는 것이 좋다. 노년기에 은둔하거나 사회적으로 위축되는 것은 노화를 가속화시키는 것으로서 바람직하지 않다고 본다.

성공적인 노화에 대한 다른 이론은 사회적 유리설social disengagement theory이다. 유리설은 노년기에는 개인과 사회의 관계를 서서히 유리시켜 나가는 것이 성공적인 적응방식이라고 주장한다. 이 이론에 따르면, 노년기에는 사회적 역할과 책임을 후속 세대에 점진적으로 물려주고 자신의 역할을 서서히 희석시키면서 퇴진하는 것이 노년기의 성숙한 적응방식이다. 인생을 마무리하는 노년기에 새로운 활동과 인간관계를 시작하기보다는 사회적 활동을 축소시키면서 자신의 삶을 정리하고 죽음에 대비하는 것이 중요하다. 이를 위해서 다른 사람과의 심리적 거리를 증대시키면서 자신의 내면에 몰두할 시간을 충분히 가져야 한다. 요컨대, 유리설은 후속 세대가 자신의 역할을 무리 없이 물려받을 수 있도록 사회라는 무대에서 서서히 우아하게 퇴진하며 인생을 조용히 정리하는 것이 성숙한 노년기의 모습이라고 보는 것이다.

활동설과 유리설은 성공적인 노년기를 서로 상반된 모습으로 그려내고 있다. 동시에 이 두 이론은 현재 매우 팽팽하게 맞서고 있다. 이러한 이론들은 성공적인 노화에 대한 일반적인 이론일 뿐, 모든 노인에게 보편적으로 적용될 수는 없다. 개인의 성격, 인생관 그리고 가치관에 따라서 성공적인 노년기의 모습이 다를 수 있으며 추구하는 방식이 달라진다. 중요한 것은 자신의 특성과 환경적 여건을 충분히 고려하여 그에 알맞은 노년기 생활을 체계적으로 준비하여 실현하는 것이다.

## 2) 성공적인 노화의 기준

어떤 모습이 성공적인 노년기의 삶인가에 대해서 다양한 견해가 존재하는 가운데, 성공적인 노년기를 보내고 있는 노인들에게는 어떤 특성이 있는가에 대한 기준이 제시되고 있다.

성공적인 노화의 기준은 전통적으로 7가지가 있다. 첫째는 수명으로서, 성공적인 노년기를 보내는 사람은 장수한다는 생각이다. 물론 수명의 질을 따져야 한다. 즉, 성공적인 노화라면 대략 80세까지는 심각한 장애 없이 산 기간이 대부분을 차지해야 한다고 보고 있다. 둘째는 생물학적 건강이다. 즉, 육체적으로 건강해야 성공적인 노년기를 맞을 수 있고, 성공적인 노년기를 보내면 육체적인 건강을 유지할 수 있다는 것이다. 셋째는 정신건강으로서, 신체적 건강과 마찬가지로 성공적인 노년기의 조건이자 결과일 수 있다. 넷째는 인지적 기능의 유지다. 즉, 노년기와 더불어 감퇴하는 인지적 기능을 유지하는 것이 성공적 노화에 중요하다는 것이다. 다섯째는 사회적 능력과 생산성이다. 노년기에도 사회적으로 기여할 수 있는 능력을 지니고 생산적인 활동에 참여하는 것이 성공적 노화의 기준이 된다는 것이다. 여섯째는 개인적 통제로서 자신의 욕구, 감정, 행동을 잘 조절하는 통제 능력을 뜻한다. 마지막으로, 생활만족도가 성공적 노화의 기준으로 주장되고 있다. 즉, 성공적인 노년기를 보내는 사람은 자신의 생활에 대해서 주관적인 만족도가 높다는 것이다. 최근에는 이러한 주관적 만족도가 '삶의 질' 평가의 주요한 기준으로 여겨지고 있다.

이 밖에도 성공적인 노화에 관한 여러 가지 기준이 제시되고 있다. 성공적인 노년기를 보내는 노인은 정서적으로 안정되어 있으며, 사회적 책임으로부터 해방된 것에 대한 행복감을 느끼고, 적절한 재정 상태를 유지하며, 과거와 현재의 적응

방식에 큰 변화 없이 지속성을 지니고, 외부 현실에 대한 적절하고 현명한 판단력을 유지하며, 나이가 들어감에 따라 다가오는 죽음을 인정하고 수용한다는 연구결과가 있다.

한국 노인의 경우 집합주의적 가치를 반영하여 잘 나이 든 모습을 정의할 필요가 있다. 정영숙(2011)은 한국 사회에서 잘 나이 든다는 것은 개인의 안녕과 행복 추구에만 머무는 것이 아니라, 주변의 가족과 젊은 세대에 대한 배려를 할 줄 아는 삶으로 성숙해지는 모습이라 제안하였다.

성공적인 노화를 위한 보호 요인이 몇 가지 제시된 바 있는데, 첫 번째 요인은 50세 이전에 금연을 하는 것이고, 성숙한 방어기제의 사용이 두 번째 요인이다. 이 밖에도 과음하지 않기, 적정한 몸무게 유지하기, 안정적인 결혼생활, 꾸준한 운동, 교육 등이 행복한 노년기를 보내는 데 보호 요인으로 작용한다.

젊은 시절에 비해 체력이나 인지기능이 쇠약해지는 것은 노년기에 피할 수 없기에 '득gain'을 최대로 늘리고 '실loss'을 최소한으로 줄이는 전략이 성공적인 노화의 비법이라 할 수 있다. 이를 위해 첫째, 체력이 약해진 노년기에 원하는 모든 일을 완성할 수 없기 때문에 가장 절박하고 중요한 일을 우선 선택하여 이루어낼 필요가 있다. 둘째, 기능적인 쇠퇴를 보완하기 위한 보조도구나 과학기술의 힘을 충분히 이용할 필요기

있다. 마지막으로 자신의 능력 중 일부를 선택적으로 발전시
켜서 최적의 효과 혹은 성과를 얻어낼 필요가 있다. 예를 들
어, 지혜라는 강점은 나이가 들수록 오히려 발달하고 성숙하
는 인지적 · 성격적 강점이다. 따라서 인생의 연륜이 닮긴 조
언을 구하는 자녀나 주변의 젊은이들에게 적절한 멘토링을 제
공할 수 있다. ◆

# 2. 사회 인식의 변화

　성공적인 노년을 위해서는 노인 스스로의 노력뿐만 아니라 노년기를 바라보는 사회적 편견 또한 변화되어야 한다. 노인에 대한 잘못된 고정관념을 극복하고, 나이 드는 것에 대해 자긍심과 존경심을 가질 수 있을 때 우리 자신이나 우리 부모의 노년은 더욱 행복해질 수 있을 것이다.

## 1) 노인에 대한 관심과 존경심 갖기

　일본에서는 만 50~60세까지를 열매를 맺는다는 의미의 실년實年, 70이 넘으면 성숙했다는 의미의 숙년熟年이라고 부른다. 영어권에서는 노인 대신 황금 연령golden age 또는 연장 시민senior citizen이라는 용어를 사용하고 있다. 노인이란 늙은 사람을 뜻할 텐데, '늙다'는 말은 '낡다'는 말에서 유래되었다고 하니, 실년과 연장 시민이라는 말을 사용하는 사회가 우리와 비교할 때 얼마나 노인을 더 존중하고 있는지를 느낄 수 있다.

우리나라는 전통적으로 장유유서長幼有序의 사회적 질서를 중시하였고, 경로효친敬老孝親을 중요한 덕목으로 권장하였다. 그러나 우리 사회는 어느새 젊은 사람 중심의 사회로 탈바꿈하였다. 이렇게 된 데는 자본주의와 물질주의가 한몫을 한 것으로 보인다. 생산성에 높은 가치를 부여하는 사회에서는 젊은 사람이 주인의 자리를 차지할 수밖에 없고, 노인은 젊은 사람의 부담이 되기 십상이다. 노인의 지혜와 경험보다는 젊은 사람의 정열과 생산성이 더 높은 가치를 부여받는 것이다.

또한 우리 사회는 급격한 변화를 겪으면서 무수히 많은 사회문제가 파생되었고, 모든 문제가 시급을 다투는 난제들이다 보니 어떤 문제는 관심의 우선순위에서 밀려나게 되었다. 그중 하나가 노인복지 문제다. 사회는 젊은이를 중심으로 바쁘게 돌아가고, 장년의 관심은 노인보다는 어린이와 청소년에게 먼저 기울었다. 대가족 제도에서 핵가족 제도로 빠르게 변화하고 경제제도도 급격한 변화를 겪으면서 장유유서의 전통적 질서와 효의 정신이 점차 희미해진 것이 사실이다.

정신건강 서비스 제도를 살펴보아도 이러한 현실은 바로 드러난다. 소아청소년 정신건강의학과와 상담센터의 수는 많아도, 노인을 위한 정신건강 서비스 기관의 수는 절대적으로 부족하다. 아이에게 심리적인 문제가 생기면 곧바로 전문기관을 찾지만, 노인들이 잠을 못 이루는 것에까지는 관심이 못 미친다. 최근 들어 노인의 정신건강 서비스에 대한 관심이 점차 증가하고 있는 것은 다행스러운 일이지만 아직까지는 태부족이다.

노년기 정신장애를 치료할 때 고려할 점이 무엇인가를 생각하기 이전에 노인에 대한 관심이 먼저 선행되어야 한다. 정신장애를 치료할 때 가장 중요한 치료적 요소는 환자의 인격을 존중하는 태도다. 어떤 과학적이고 객관적인 기법이 정신장애를 치료할 것이라고만 생각하면 오산이다. 노인을 인격적으로 존중하는 마음 없이는 약물치료나 심리치료, 입원치료나 재활훈련 등 어떤 치료적 노력도 결실을 거두기 어렵다고 해도 과언이 아니다.

## 2) 노인에 대한 그릇된 신화 깨기

노인 하면 떠오르는 이미지나 생각들이 있다. 이 중에는 긍정적인 것도 있지만, 부정적인 것도 많다. 진실을 반영하는 생각도 있지만, 그릇된 고정관념이나 편견이 마치 사실인 양 치부되는 경우도 많다. 노인에 대한 이러한 고정관념이나 편견

은 우리 사회의 지배적인 분위기를 반영하는 것으로서, 노인
에 대한 일종의 연령차별을 만들어낸다.

노인에 대한 연령차별은 2가지 형태를 보인다. 하나는, 노
인에 대한 지나친 연민과 동정에서 비롯된다. 노인에 대하여
보호자와 후견인의 역할을 자처할 때, 그 관심이 진실된 것은
사실이지만, 노인을 오로지 보호와 구제의 대상으로만 생각
하는 경우가 왕왕 있다. 노인을 편안하게 모시는 게 효도라고
생각하여, 노인이 무슨 일을 하려고 하면 "그런 일은 제가 알
아서 할 테니 편안히 쉬시라"는 식으로 대한다. 이러한 동정
의 태도는 노인의 능력을 과소평가하는 데서 비롯된다. 인생
의 어느 시기에서나 보호자의 과잉보호는 피보호자의 수동성
을 부추기고 자립심을 저해한다.

또 다른 연령차별은 노인에 대한 무관심과 소홀한 태도에
서 비롯된다. 노인이라는 단 하나의 이유만으로 모든 노인의
문제들이 완벽히 설명될 수 있는 것처럼 여겨지는 가운데, 노
인의 수많은 필요와 욕구는 무시되기 십상이다.

노인에 대한 연령차별의 기저에는 노년기에 대한 잘못된
인식이 자리하고 있다. 노인에 대한 그릇된 신화들 몇 가지를
살펴보자.

### (1) 노인들은 서로 다르다

노인에 대한 첫 번째 그릇된 신화는 동일성의 신화를 꼽을 수 있다. 우리는 두 명의 젊은 사람을 볼 때 그들이 젊다는 이유만으로 두 사람이 같다고 보지는 않는다. 그만큼 젊은 사람을 볼 때는 '젊음'과 관련된 특성보다는 그 개인의 고유한 특성을 보려고 한다. 그러나 노인의 경우라면 상대적으로 두 노인을 더 비슷하게 본다. 그만큼 노인을 볼 때 먼저 '노인'으로 생각한다는 것이다. 고유하고도 개별적인 특성은 '노인'이라는 이름 아래 묻혀버릴 수 있다. 일단 한 노인을 '노인'으로 보게 되면, 노인과 관련된 고정관념이 그에게 덧붙여진다. 따라서 동일성의 신화는 모든 다른 신화들의 기초가 된다.

노인들은 능력이 서로 다르고, 성격이 서로 다르며, 건강 상태가 서로 다르고, 재산 정도가 서로 다르며, 친구관계와 가족 관계가 서로 다르다. 이것은 너무도 당연한 말이지만, 평소 우리는 이렇게 생각하지 않을 때가 많다.

### (2) 노인은 일을 할 수 있다

노인에 대한 두 번째 그릇된 신화는 비생산성과 의존성에 대한 신화다. 노인은 이 사회의 생산적인 성원이 아니며, 따라서 돈을 벌 수 없으니까 누군가에게 의존하지 않으면 안 된다고 생각한다. 이러한 생각은 전통적인 효의 정신에도 잘 나타난다.

효孝란 아들子이 늙은 부모老를 업고 다닌다는 뜻의 한자다. 늙은 부모는 젊은 자식에게 의존할 수밖에 없고, 자식은 부모를 봉양할 의무를 져야 한다는 뜻이 그 속에 담겨 있다.

그러나 노인을 비생산적이고 의존적인 존재로만 생각한다면 젊은 사람에게나 노인에게나 득보다는 실이 많다. 젊은 사람은 노인을 한편으로는 연민과 보호의 대상으로 대하면서, 다른 한편으로는 자신이 전적으로 책임져야 할 부담스러운 대상으로 느끼게 된다.

노인의 입장에서는 이러한 신화의 결과로 점차 자신의 역할이 없어지게 된다. 역할이란 자신이 속한 사회와 관계를 맺는 수단이며, 개인은 자신에게 주어진 역할을 수행함으로써 사회적 가치를 부여받게 된다. 역할의 상실은 결국 자존감의 저하와 사회적 지위의 격하를 초래하여, 노인은 물질주의의 수동적인 수혜자라는 불안한 자리를 유지하는 데 만족할 수밖에 없게 된다.

노인들은 일하고 싶어 한다. 또한 일을 할 수 있다. 일이라는 것이 반드시 직업과 보수에 관련될 필요는 없다. 스스로 보람을 느낄 수 있고 사회적으로도 가치 있는 일이라면, 노인이 자기가치감을 느끼고 사회적 지위를 유지하는 데 큰 도움이 될 것이다.

### (3) 노인의 병에도 원인이 있다

우리는 어떤 결과가 발생하면 반드시 그 원인이 있다고 생각한다. 그래서 그 원인을 찾고자 노력한다. 자동변속기 차량의 급발진 사고가 빈발하면 그 원인이 무엇인지를 찾고자 노력하며, 성적이 떨어졌으면 그 원인을 찾아 다음 시험에 대비하려고 한다. 아이가 학교 가기를 무서워하면 '선생님이 무서운가' '괴롭히는 친구가 있나' '친구들이 따돌리나' '발표를 시킬까 봐 겁나서 그런가' 등의 이유를 찾으려고 고심한다.

그러나 노인에게 어떤 문제가 생기면 원인을 찾아보려고 하기보다는 모든 원인을 먼저 노화로 돌리는 버릇이 우리에게 있는 듯하다. 가령 노인이 잠이 줄면 '노인이니까' 그렇다고 생각한다. 병이 나면 '늙어서' 그런 것이라고 치부해버린다. 이는 노인에 대한 세 번째 신화, 즉 신체적 질병에 대한 신화와 관련된다. 노인이 되면 자동적으로 질병에 걸리게 되는 것으로 생각하니까, 노인의 질병 원인을 노화의 탓으로만 돌리고 또 다른 원인을 찾으려 하지 않는 경향이 나타나게 된다. 결국 적절한 개입으로 치료가 가능한 경우에도 이를 어찌할 수 없는 병이나 장애로 생각하여 방치하는 결과를 낳게 된다.

노인의 정신장애는 노인이기 때문에 생기는 것이 아니고 다른 원인들 때문에 생기는 것이다. 정신장애의 원인을 노화로 돌리고 나면 아무런 해결책도 없어져 버리지만, 노화 이외의 다른 원인들을 알게 되면 해결책이 보인다.

## (4) 노인은 완고하지 않다

노인에 대한 네 번째 신화, 즉 완고성의 신화 또한 노인들을 대하는 데 많은 부정적 영향을 미친다. 노인은 생각이 완고하며 성격이 화석처럼 굳어져서 좀처럼 변하지 않는다고 생각하는 경향이 있다. 따라서 노인은 심리치료를 받기에 적절한 연령이 아니라는 생각이 많이 퍼져 있다. 프로이트도 한때는 50세가 넘으면 심리치료가 적절하지 않다고 언급하기도 하였다.

많은 임상가가 노인은 심리적 서비스를 받을 마음의 자세가 부족하다고 지적하지만 실제로는 그렇지 않다. 노인의 경우 치료가 어렵다는 부정적인 기대가 팽배해 있지만, 그것 또한 사실과 다르다. 노인에 대한 심리치료가 젊은 사람보다 성공률이 낮다는 보고는 별로 없다. 노인은 변화할 수 없다는 고정관념은 심리학적 개입의 시도 자체를 포기하게 만든다. 변화의 기회가 주어지지 않으면 실제 변화도 일어나지 않으므로 결국 고정관념은 스스로 실현된다. 그러나 노인의 경우에도 변화를 꾀하면 변화는 나타난다.

노인에 대한 고정관념과 이에 기초한 연령차별이 우리의

사회적 가치관 속에 깊이 자리 잡고 있는 한, 노년기는 무력감과 절망 그리고 우울의 시기로 인식된다. 사회가 노인을 바라보는 고정관념은 노인 자신에게도 많은 영향을 미친다. 노인은 이러한 신화들을 내면화하여 믿게 됨으로써 결국 자신마저도 개선이나 문제해결을 포기하게 된다. 그러나 '노인이니까' 어려운 것은 아니다. 노인을 어렵게 하는 것은 오히려 노인에 대한 그릇된 인식이다. ◆

# 3. 정신건강 서비스 제도

　정신장애가 발생하는 경우 적절한 치료적 개입이 요구된다. 특히 노년기의 정신장애는 환경적인 문제와 밀접하게 관련되는 경우가 많다. 가령 가족과의 사별, 가족으로부터의 고립과 소외감, 가족과의 갈등, 신체적 질병, 경제적인 문제, 은퇴, 자신의 역할이 주어지지 않는 환경 등의 환경적 스트레스는 정신장애의 주된 원인이 된다. 이런 경우에는 무조건 전문가를 찾기보다는 먼저 아픈 마음을 헤아려주는 주변의 자세가 필요하다. 노인이 느끼는 환경적인 스트레스와 심리적 부담이 무엇인지를 살펴보고 이를 덜어주려는 자세를 가져야 한다. 전문가와의 대화가 치료의 전부는 아니다. 가까운 사람과의 따뜻한 대화가 치료에 더 효과적일 수 있다. 이는 전문적인 치료가 필요치 않다는 말을 하려는 것은 물론 아니다. 노년기 정신장애의 치료와 관리는, 다른 어떤 발달 연령에서보다 가족과 지역사회의 협조가 더 요구되는 영역임을 강조하고자 한 것이다.

또한 노인은 자신에게 익숙한 환경에서 벗어나는 것 자체가 심한 스트레스가 된다. 따라서 병원이나 요양시설에 입원하는 것이 많은 치료 효과를 가져다줄 수 있으나, 입원 그 자체가 또 다른 스트레스가 될 수 있음을 늘 염두에 두어야 한다. 가까운 사람들과의 인간적 유대와 사회적 지지는 정신장애에 대한 완충 역할을 한다. 정신장애가 심하고 가정에서 돌보기가 너무 힘든 상황이라면 병원이나 치료시설을 갖춘 요양시설을 이용하는 것이 좋지만, 정신장애가 심하지 않다면 가까운 사람들로부터 격리시키기 이전에 평소 익숙하고 정든 환경 내에서 치료를 받도록 배려해야 한다.

## 1) 입원 혹은 수용정책

한때 정신장애를 가진 노인이 사회적인 관심의 대상이 되지 못하고 집에서 가족이나 친지들의 보호를 받거나 혹은 방치된 채 지내던 때가 있었다. 그러다가 점차 대형 병원이나 요양시설 등의 기관에 입원 혹은 수용되는 방향으로 사회의 분위기가 흘러가기도 하였다. 이 시기의 분위기는 치료적인 차원의 입원보다는 격리적인 차원의 수용이 더 주된 목적이었던 것이 부인할 수 없는 사실이기도 하였다. 근래에는 점차 재가 치료나 지역사회에 기반을 둔 치료가 강조되고 있다. 여기에 는 몇 가지 요인들이 작용하였던 것으로 보인다.

첫 번째 요인은 장기적인 수용에 대한 부정적 인식과 관련 된다. 열악한 시설, 경직된 규칙과 시간표, 질적으로 낮은 수 준의 의료 서비스, 비인격적 처우 등의 표현이 장기수용시설 에 꼬리표처럼 따라다녔다. 무감동하고, 수동적이며, 사회적 으로 위축되어 있고, 희망이 없으며, 치료진이나 간병인에게 무력하게 의존하는 등 기관에 수용되어 있는 노인들에 대해 일반인이 그리는 그림은 황량하기조차 하였다.

긍정적인 요인들도 분위기 변화에 많은 기여를 하였다. 새 로운 약물이나 치료방법들이 개발되면서, 어둡던 치료의 전 망이 밝아지기 시작하였고 입원 기간을 단축하는 효과가 있었 다. 가정간호나 낮병원 등 대안적인 서비스 제도가 활성화되 고 또한 환자의 인권을 존중해야 한다는 인식도 보편화되었 다. 환자가 가정에서 혹은 지역사회 내의 가정과 같은 환경에 서 정상적인 삶을 누리도록 하자는 것과, 적절한 보호와 지지 를 제공함으로써 환자가 가능한 한 독립적인 삶을 영위할 수 있도록 하자는 것, 그리고 환자에게 치료의 선택권을 주자는 것 등이 지역사회적 개입 정책의 기저에 있는 철학이었다.

그렇다고 해서 장기적인 입원이나 수용의 긍정적인 효과를 과소평가해서는 안 된다. 종합적인 평가와 치료, 정상적인 생활이 불가능한 환자의 보호, 무의탁 환자의 보호, 의식주 등 기본적인 생활 여건의 제공, 재활 훈련의 제공 등을 그 장점으로 꼽을 수 있으며, 일부 환자의 경우에는 수용기관이 사회로부터 그들을 보호하고 그들로부터 사회를 보호하는 기능을 하기도 한다. 따라서 입원이나 수용의 장점을 고려하면서 시설과 서비스의 질을 개선해갈 필요가 있다.

그러나 전반적으로 볼 때 노인의 경우 필요에 따라 전문병원이나 사회복지시설에 입원 혹은 수용하는 것도 중요하지만, 재가치료나 지역사회에 있는 기관에서 치료받도록 배려하는 것이 좋은 경우가 많다. 따라서 가정간호나 원격진료, 낮병원 등 대안적인 제도를 개발하고 활성화시키는 것이 필요하다.

## 2) 가정간호와 원격진료

가정간호와 원격진료는 노인에 대한 서비스 방법으로 추천할 만한 좋은 선택이다. 가정간호는 병원에 소속된 가정전문간호사가 환자의 집으로 직접 방문하여 의사의 처방에 따라 필요한 치료와 간호를 제공하는 것으로, 장기입원 또는 불필요한 입원으로 인한 의료비 부담을 절감할 수 있는 수요자 중심의 입원대체 서비스 제도다. 특히 환자가 심한 정신장애나

신체장애 상태예: 치매, 뇌졸중 등로서 거동이 불편한 경우 통원치료보다 가정간호가 편리할 수 있다. 또한 이는 노인이 익숙하고 편안한 집에서 떠나지 않고 치료받을 수 있다는 장점도 있다. 한편, 가정간호에서 가장 문제가 되는 것은 간호사 등 전문인력의 확보 그리고 훈련과 서비스의 질이다. 미국에서는 가정간호 시 적절한 처치의 부족, 과다한 비용 요구, 약의 과다 투여 등 비윤리적이고 불법적인 문제들이 보고되기도 하였다.

국내에서도 2008년부터 노인장기요양보험 제도가 도입되면서 혼자서 일상생활을 수행하기 어려운 65세 이상의 노인에게 방문간호를 포함하여 다양한 재가 서비스가 제공되고 있다. 하지만 해당 서비스를 받을 수 있는 대상자가 제한적이며, 서비스 제공 인력의 교육수준이나 제공 서비스의 내용도 의료기관 가정간호와는 차이가 있다. 앞으로 점차 더 많은 노인이 이러한 서비스를 받을 수 있도록 대상자를 확대하고, 제공 인력에 대해서는 엄격한 교육 훈련과 서비스의 질 관리가 중요할 것이다.

원격진료란 상호작용하는 정보통신 기술을 이용하여 원거리에서 의료정보와 의료 서비스를 전달하는 것이다. 이는 특히 도서 지역과 같이 의료 서비스에서 소외되어 있는 지역민들이나, 당뇨나 고혈압 등 만성질환을 가지고 있어서 지속적으로 병원에 내원해야 하는 환자에게 의료 서비스 접근성을 높이고 시간을 절약해준다는 장점이 있을 것으로 예상된다. 하지만 의료 서비스의 특수성 상 원격진료가 대면진료를 완전히 대체하기는 어려우며 보조 수단으로서 활용이 추천된다. 최근 정신건강 서비스에서도 컴퓨터 · 인터넷 기반 심리치료에 대한 관심이 높아지고 있지만, 노인의 경우 이러한 정보통신 기술을 활용하는 데 익숙하지 않아 보다 편리하고 효율적으로 활용할 수 있는 도구 또는 시스템의 개발이 필요하다.

### 3) 지역사회적 개입

노인은 자신이 살고 있던 집과 마을을 떠나기 싫어한다. 몸과 마음이 아플 때는 더욱 그러할 수 있다. 그 이유는 자신에게 익숙하고 정든 가족과 이웃, 환경에서 벗어나는 것 자체가 심한 스트레스가 되고 또 비용 상으로도 문제가 생기기 때문이다. 이런 면에서 보면 지역사회 개입은 여러모로 노인에게 도움이 된다.

지역사회에서 노인에게 제공되는 서비스는 재가 서비스와 집 주변의 지역사회 정신건강센터에서의 서비스로 나눠진다. 재가 서비스는 다양한 전문가와 준전문가, 행정관료, 자원봉사자가 일용품의 보급에서부터 심리적 서비스에 이르기까지 종합적인 서비스를 제공하는 것이다. 기관을 이용하는 경우 대부분 낮 시간에만 머물다가 집으로 돌아가는 낮병원 형태가 일반적인데, 노년기에 필요한 최소한의 사회활동과 소외감의 극복을 위해서는 낮병원 형태의 집단 프로그램이 도움이 된다.

지역사회 개입의 경우 종합적인 서비스와 여러 전문가 집단의 협력이 중요하다. 하지만 우리나라는 노인복지 서비스가 단편적이고 물질적인 서비스 중심으로 이루어지고 있으며, 전문가 집단의 상호 협력도 미비한 상태다. 현재 미주와 유럽 등 선진국에서는 고령친화적 지역사회를 개발하기 위한 프로젝트가 시행 중이다. 우리나라에서도 노인의 기능 쇠퇴를 보완하고 독립적인 생활을 최대한 유지할 수 있도록 지역사회 서비스와 연계하여 지원체계를 구축할 필요가 있다. 이를 위해서는 정부의 개선 노력과 함께 각 전문가 집단의 상호 협력이 보다 중요할 것이다. ◆

# 4. 노년기 정신장애 치료 시 고려사항

## 1) 약물치료 시 고려사항

노년기에 겪게 되는 다양한 심리적 고통이 적절한 약물치료를 통해 경감될 수 있지만, 오용된 약물은 노인 환자에게 치명적인 결과를 가져다줄 수 있다. 많은 노인이 처방된 약물이건 혹은 자의적으로 선택하여 복용하는 약물이건 여러 다양한 약물을 동시에 복용하는 경향이 있다. 그런데 이런 약물들 간의 상호작용으로 인해 오히려 심한 부작용이 초래되어 더 큰 고통을 받을 수 있다.

같은 용량의 약물을 복용하였더라도 젊은이보다 노인에게 부작용이 더 많이 나타날 수 있으며, 부작용이 생활에 미치는 영향도 더 심각할 수 있다. 노화와 관련된 생리적 변화로 인하여 약물의 흡수나 대사 과정이 젊은 사람과 다를 수 있기 때문이다. 가령 일부 항우울제의 부작용으로 기립성 저혈압이 발생할 수 있는데, 이로 인해 노인 환자가 낙상을 당할 수 있다. 노인의 낙상은 삶 전반에 치명적인 어려움을 초래할 수 있기 때문에 반드시 복용하는 약물의 속성에 대하여 잘 알아둘 필요가 있다.

약물 처방은 일차적으로 의사에게 그 권한과 책임이 있다. 그러나 불행하게도 환자가 의사가 처방한 대로 약물을 복용하지만은 않는다는 데 문제가 있다. 또한 많은 환자가 처방에 순응하지 않기도 하며, 처방하지 않은 약물을 자의적으로 복용하고는 이러한 정보를 의사에게 알리지도 않는다. 대체로 이런 위험한 행동들은 약물치료에 대한 무지에서 비롯되는 경우가 많다.

이러한 이유에서, 약물을 처방하는 의사뿐 아니라 약물을 복용하는 환자와 가족, 그리고 노인을 돌보는 전문간병인도 약물치료와 관련한 기초 지식을 알아둘 필요가 있다. 가족과 노인돌보미는 환자와 접촉할 기회가 의사보다 더 많다. 따라서 환자와의 잦은 접촉을 통해 환자의 약물 복용 습관, 증상의 호전도, 부작용 등을 더 세밀하게 관찰하고 필요한 정보를 의사에게 알려주는 것이 많은 도움이 될 것이다.

노인에게 정신약물학적 치료를 할 때 몇 가지 유의해야 할 점들이 있다.

첫째, 노인은 퇴행성 변화를 포함하여 동시다발성 질병을
앓고 있는 경우가 흔하다. 특히 간장, 위장, 신장계통의 질환
은 약리학에 영향을 미칠 수 있고, 기질성 정신장애나 심혈관
계의 질병이 있는 사람들은 향정신성 약물들의 부작용에 취약

 **노인 약물치료 시 일반 원칙**

1. 약물치료를 하기 전에 병력을 자세히 조사하고, 신체적 상
   태에 대한 의학적 검사를 철저히 해야 한다. 기립성 저혈압
   의 유무를 확인하고, 현재의 상태를 평가하거나 치료 도중
   경과 확인을 위해서 혈액검사, 심전도, 갑상선 기능검사, 신
   장기능검사, 간기능검사 등을 시행한다.
2. 약물 용량은 통상 성인 용량보다 소량으로 시작한다.
3. 하루 용량을 24시간 동안 3~4회로 나누어 복용토록 한다.
4. 서서히 소량씩 증량하면서 부작용의 출현과 증상의 호전을
   관찰한다.
5. 안전하면서도 효과적인 용량은 거의 항상 젊은이보다 적다.
6. 반감기가 긴 약물들은 가능하면 피한다.
7. 복합치료를 요할 때는 약물 간의 상호작용에 유의해야 한
   다. 이를 위해서 약물 복용에 대한 병력, 현재 복용하는 약
   물에 대해 상세히 조사한다.
8. 항콜린성 작용, 심혈관계 부작용, 혈압강하 작용이 강한 약
   물은 가능하면 피하도록 한다.
9. 치료 도중에 증상이 악화되거나 부작용이 나타날 때에는
   약물 복용을 일시 중단해본다.

할 수 있다.

둘째, 동시다발성 질병으로 각종 약물을 한꺼번에 복용하는 경우가 흔하기 때문에 각종 약물의 부작용이나 약물 간의 상호작용으로 인한 부정적인 효과에 노출될 위험이 높다.

셋째, 노년기의 특수한 생리적 기능과 그에 따른 약리학의 차이를 고려해야 하는데, 노인은 약물의 흡수와 대사 과정이 젊은이와 다르기 때문에 약물치료 시 부작용에 유의하면서 가능한 한 소량으로 시작하여 나누어 복용하는 것이 중요하다.

## 2) 노인의 심리치료를 막는 걸림돌

앞으로 살면 얼마나 더 산다고 이 나이에 심리치료를 하겠어? 자식 보기 창피하고 남들 보기 민망스럽지, 오죽 못났으면 그 나이에 심리치료를 받느냐고 하지 않겠어? 늙으면 으레 다 그렇게 되는 거지 이제 와서 새삼스럽게 심리치료는 웬 심리치료야? 돈도 없고 거동도 불편한데 심리치료라니 그 무슨 사치야? 아들뻘 되는 젊은 선생에게 백발노인이 어떻게 속마음을 털어놓을 수 있겠어? 화석처럼 굳어질 대로 굳어졌는데 심리치료를 한다고 변화가 되겠어?

얼핏 들어보면 당연한 말처럼 들릴지도 모르지만, 자세히

들여다보면 노인의 자조적이고 자기패배적인 인식이 배어난다. 노인의 이러한 자기인식은 노인에 대한 우리 사회의 편견을 그대로 반영하고 있다. 이러한 말들이 자연스럽게 들린다면 우리 또한 노인에 대한 편견에서 벗어나지 못했다는 증거다. 앞의 말들에 대해서 다음과 같이 반박해보면 어떨지 한 번 생각해보자.

얼마를 살더라도 더 나은 삶을 위해 나아갈 권리가 누구에게나 있지 않은가? 인생의 각 시기마다 부딪치는 스트레스가 있듯이 노인이 당면하는 독특한 스트레스가 있으며, 이로 인해 노인이 고통스러워질 수 있는 건 자연스러운 일 아닌가? 늙으면 으레 다 그렇다니, 노인의 정신장애는 노화로 인해 자동적으로 나타나는 피할 수 없는 결과란 말인가? 젊은 사람에게 심리치료는 사치가 아니고, 노인에게는 심리치료가 사치란 말인가? 인생의 어느 시기에서나 전문가의 도움을 받는 것은 자연스러운 일 아닌가? 무슨 근거로 노인은 변화될 수 없다고 하는가?

노인은 심리치료에 대한 동기가 부족하다는 편견과 노인에 대한 심리치료는 큰 효과를 기대할 수 없다는 편견이 지배적이다. 그러므로 먼저 환자 본인이나 가족은 물론 심리치료사도 자신이 가지고 있는 이러한 편견을 극복할 필요가 있다.

노인 심리치료의 효과에 대한 연구가 젊은 사람에 비해 부족한 것은 사실이다. 그러나 최근의 분위기는 노인 심리치료에 대한 낙관론이 훨씬 더 우세하다. 약물치료는 관리하기 가장 쉬운 치료적 접근법이라 볼 수 있으나, 심리치료가 항우울제 투여의 효과와 비교해서 뒤떨어지지 않으며 부작용의 위험도 적기 때문에 노년기 정신장애의 치료에 약물요법이 최적의 치료법이라 할 수 없다는 주장이 있다(Scogin & McElrath, 1994).

노인이 되면 본능적 욕구와 충동은 줄어들고 초자아의 힘은 약해지기 때문에, 방어의 경직성이 줄어들면서 자신과 현실을 더 잘 받아들일 수 있게 되는데, 이에 따라 노인의 심리치료가 젊은 사람에 비해 더 효과적일 수 있다는 주장도 나오고 있다. 또한 심리치료에 대한 다양한 편견이 극복된다면, 노인은 젊은 사람에 비해 심리치료에 대한 동기가 오히려 더 높을 수 있다. 노인은 복합적인 스트레스를 더 많이 겪을 수 있으며, 자신의 이야기를 들어줄 사람을 더 필요로 하고, 자신을 살펴보려는 경향이 더 많을 수 있기 때문이다.

편견은 관계가 시작되는 초기에는 걸림돌이 될 수 있지만, 관계가 진지해질수록 점차 사라지기 마련이다. 노인이 심리치료에 대해서 보이는 편견이나 치료자가 노인 환자에 대해서 보일 수 있는 편견이 심리치료 초기에는 지장을 줄 수 있지만, 치료가 진행될수록 나이와 관련된 편견은 더 이상 문제되지 않는 경우가 많다.

## 3) 심리치료 시 고려사항

노인 대상의 심리치료가 젊은 내담자의 치료와 일반적인 원칙에서 큰 차이가 있는 것은 아니다. 또한 어떤 연령 집단이든 연령에 따른 집단 특성보다는 개인차가 더 크게 마련이다. 따라서 노년기의 정신장애를 이해하고 치료를 계획할 때, 장애의 일반적인 특성을 가장 우선적으로 생각하되 노년기의 독특성을 이해하는 바탕에서 임하는 것이 중요하다. 노인을 심리치료할 때 고려할 사항들은 다음과 같다.

첫째, 노인은 실제 의학적인 질병을 지니고 있는 경우가 많으므로 일반적인 의학적 상태에 더욱 주의를 기울여야 한다. 또한 노인의 정서적 고통이 실제적인 삶의 문제를 반영하는 경우가 많음을 염두에 두어야 한다. 신체적 질병, 경제적 곤란, 은퇴와 사별, 역할의 상실 등으로 노인은 심각한 적응의 문제에 직면할 수 있기 때문이다. 따라서 노인을 심리치료할 때 보다 더 현실적이고 구체적인 사안에 초점을 맞추어 생물-심리-사회적 접근을 통해 좀 더 구체적인 삶을 다루는 것이 좋다.

둘째, 노년기의 전반적인 특성에 대해 잘 이해하고 있어야 한다. 인생의 주기, 노화에 따른 신체기능과 심리적 특성의 변화, 노년기의 스트레스, 죽음의 문제, 임종에 대한 태도, 노년기 정신장애의 독특성, 노인에 대한 편견과 노인 환자에게 영향을 미치는 사회적 요인 등에 대해 충분한 지식을 갖출 필요가 있다.

셋째, 노년기의 전반적인 특성과 노인의 정신장애를 이해하는 것도 중요하지만, 무엇보다도 노인 개인을 잘 이해하는 것이 가장 중요하다. 노인에게서 신체기능이나 가족발달, 상실 등과 관련된 문제가 더 자주 나타나긴 하지만 젊은 내담자와 마찬가지로 골치 아픈 인생 문제가 다양하게 나타난다. 노인을 철저하게 한 개인으로 보고, 그들의 개인적인 기대와 욕구는 무엇이며, 이를 실현하는 데 현실적인 방해요인은 무엇인지, 이에 어떻게 대처하고 있는지 등을 잘 탐색한 후 치료 목표를 설정해야 한다.

넷째, 치료자의 진지한 관심과 적극성이 필요하다. 노인에게 인격의 재구성과 통찰을 지향하는 심층치료가 필요치 않다는 것은 아니지만, 대체로 지지적인 치료가 더 적합한 것으로 보인다. 따뜻하고 지지적이며 구체적이고 적극적인 자세로 노인의 말을 진지하게 경청하고, 그의 고통을 잘 이해하고 공감하였음을 분명하게 전달할 필요가 있다.

다섯째, 노인의 치료에서 주의할 점은 치료에 대한 의존성이다. 치료자가 노인 환자에 대해 지지적이고 보호적인 입장을 취하다 보면 자칫 노인의 의존적 행동을 은연중 강화하게되는 오류를 범할 수 있다. 따라서 현실적인 문제해결을 도와주는 과정에서도 자조적이고 자립적인 행동을 격려하고 강화함으로써 치료에 대한 지나친 의존성이 나타나지 않도록 주의할 필요가 있다. 치료에 대한 의존성이 나타날 경우, 갑작스러운 치료의 종결은 바람직하지 않으며 의존성의 문제를 해결하면서 서서히 종결을 준비해갈 필요가 있다. 종결을 할 때에도 언제든지 다시 만날 수 있다고 말해둠으로써 만남의 가능성을 기약한다.

여섯째, 치료자 자신에게 역전이와 관련된 문제가 없는지잘 살펴볼 필요가 있다. 대부분의 치료자는 노인 환자보다 나이가 어리고 환자의 자녀 또래일 가능성이 크다. 따라서 치료자가 자신의 부모에 대해서 지니는 무의식적 감정, 의존적인 노인에 대한 연민과 보호 혹은 분노와 적개심, 노인 환자의 모습 속에서 나이 든 자신의 모습을 보며 느끼게 되는 감정, 죽음과 노화에 대한 걱정 등이 개입될 가능성이 크다.

일곱째, 노인 환자를 치료할 때 가족의 참여가 도움이 되는 경우가 많다. 노인을 상담할 때 자주 등장하는 주제 중 하나는 가족 간 갈등부부간, 부모-자식 간, 고부 갈등 등이다. 이럴 때 환자와 가족이 함께 참여하여 솔직하고 진지한 대화를 통해 상대가 원하는 것이 무엇인지, 상대의 감정이 어떠한지, 자신의 행동이 상대에게 어떤 영향을 미치는지를 이해하게 되면 갈등은 좀 더 쉽게 해결될 수 있다.

또한 노인의 정서적 고통은 구체적이고 현실적인 문제와 연관된 경우가 많으므로 이러한 문제를 해결하는 데 가족의 도움이 필요할 수 있다. 치매나 심한 정신장애를 지닌 노인 환자의 경우는 가족을 참여시키는 목적이 달라질 수 있다. 가족에게 장애의 본질과 특성을 설명해주고, 환자의 문제행동에 대한 대처 방법과 치료를 통해 얻을 수 있는 이득과 한계를 현실적 바탕 위에서 설명해주며, 가족의 정서적 고통을 이해하며 불합리한 죄책감을 덜어주는 것이 큰 도움이 된다.

여덟째, 노인에게 자신의 인생을 돌아볼 기회를 주는 것이 도움이 된다. 노인이 되면 지나간 과거를 회상하고 반추하는 경향이 더 많아지는데, 자신의 지나온 인생을 돌아보고 정리해봄으로써 자신과 자신의 인생에서 새로운 의미를 발견할 수 있게 된다. 지나온 세월이 고통의 연속이었을지라도 그 고통 속에서 의미를 발견할 수 있다면 고통은 더 이상 고통이 아닐 수 있다. ◆

# 참고문헌

강연욱(2002). 노인심리학. 한국연구재단: 노년학 연계협동교육과정 개발 연구과제.

김선자(2009). 서울, 노인이 살기 좋은 도시인가? 정책리포트, 29, 1-18.

권석만(2013). 현대 이상심리학(2판). 서울: 학지사.

대한노인정신의학회(1998). 노인정신의학. 서울: 중앙문화사.

박미영, 공미혜(2011). 노년기 체험중심 성교육 프로그램 개발. 여성연구논집, 22, 139-164.

보건복지부(2011). 2011년 저출산·고령화에 대한 국민인식조사 결과 보고서.

보건복지부(2013). 2013년 5월 보건복지동향. 보건복지부, 노인정책과 보도자료.

서정애(2012). 성상담 사례에 나타난 한국사회 노인의 성 문화. 한국 노년학연구, 21, 59-75.

성기월, 이신영, 박종한(2010). 한국노인의 지혜척도 개발에 관한 연구. 한국노년학, 30(1), 65-80.

신상은(2009). 노년기 정신분열병. 노인정신의학, 13, 19-23.

윤진(1985). 성인노인 심리학. 서울: 중앙적성출판사.

윤진(1995). 성공적 노화와 삶의 질-한국노인 대상연구에서 고려할 측면들. 한국심리학회(편), 삶의 질의 심리학, pp. 47-75.

이민아(2009). 한국노인과 행복: 결혼 상태에 따른 우울도와 성차. 한국

문화관광연구원 '행복사회와 문화정책의 방향' 심포지엄 자료.

이삼식(2014). 한국사회의 저출산, 고령화 이슈 진단과 과제: 한중일 인구동향과 인구전략. 한국보건사회연구원 인구포럼 자료집.

이상일(1997). 치매! 빨리 알면 쉬워요. 서울: 동학사.

이수림, 조성호(2007). 나이듦과 지혜: 성공적 노화의 통합적 개념화. 한국심리학회지: 사회문제, 13(3), 65-87.

이장호, 강숙정, 김지은 공역(2009). 임상노인심리학. 서울: 시그마프레스.

이창은(1999). 노인의 성생활 인식도와 삶의 만족도와의 관계. 한양대학교 대학원 석사학위논문.

임선영(2013). 외상적 관계상실로부터 성장에 이르는 과정에 대한 질적 연구. 한국심리학회지: 상담 및 심리치료, 25(4), 745-772.

전진숙(2007). 노년기 알코올 및 기타 물질관련장애. 생물치료정신의학, 13(1), 26-35.

정영숙(2011). 한국 여성노인의 잘 나이들기: 성숙한 노화의 개념 탐색. 한국고전여성문학연구, 23, 5-56.

정우식(2008). 노인 성기능장애의 평가 및 치료. 대한임상노인의학회 추계학술대회.

조맹제(2009). 국내 치매 노인 유병률 현황과 위험요인. 보건복지포럼, 156, 43-48.

조맹제(2011). 2011년도 정신질환실태 역학조사. 보건복지부 학술연구 용역사업 보고서.

조맹제, 배재남, 서국희, 함봉진, 김장규, 이동우(1999). DSM-III-R 주요우울증에 대한 한국어판 Geriatric Depression Scale(GDS)의 진단적 타당성 연구. 신경정신의학 38(1), 48-63.

진영란, 홍월란(2011). 노인장기요양보험제도 도입 후 의료기관 가정간호 이용실태 변화. 한국노년학, 31, 371-380.

최성혜, 나덕열, 강연욱, 이원용, 박병주(1998). Samsung Dementia Questionnaire의 타당도와 신뢰도의 평가. 대한신경과학회지, 16(3), 307-314.

통계청(2011). 장래인구추계.

통계청(2013). 2012년 생명표 보도자료.

American Psychiatric Association. (1994). *Diagnostic and statistical manual of mental disorders* (4th ed.). Washingtion, DC: Author.

American Psychiatric Association. (2013). *Diagnostic and statistical manual of mental disorders* (5th ed.). Arlington, VA: Author.

Bow, F. C., Brower, K. J., Schulenberg, J. E., Demo-Dananberg, L. M., Young, J. S., & Beresford, T. P. (1992). The Michigan Alcoholism Screening Test-Geriatric Version (MAST-G): A new elderly specific screening instrument. *Alcobolism Clinical and Experimental Research, 16,* 372.

Dreyfus, J. K. (1988). Depression assessment and interventions in medically ill frail elderly. *Journal of Gerontological Nursing, 14,* 27-36.

George, L. K. (1989). Stress, social support, and depression over the life course. In K. S. Markides & C. L. Cooper (Eds.), *Aging, Stress, and Health.* New York: Wiley.

Howard, R., Rabins, P. V., Seeman, M. V., & Jeste, D. V. (2000). Late-onset schizophrenia and very-late-onset schizophrenia-like psychosis: an international consensus. The International Late-Onset Schizophrenia Group.

*American Journal of Psychiatry, 57*, 172–178.

Kim, Y. J., Han, J. W., So, Y. S., Seo, J. Y., Kim, K. Y., & Kim, K. W. (2014). Prevalence and trends of dementia in Korea: A systematic review and meta-analysis. *Journal of Korean Medical Science 29*, 903–912.

Lutfy, K. E., Link, C. L., Rosen, R. C., Wiegel, M., & McKinlay, J. B. (2009). Prevalence and correlates of sexual activity and function in women: Results from the Boston area community health (BACH) survey. *Archives of Sexual Behavior, 38*, 514–527.

Morin, C. M. (1993). *Insomnia: Psychological assessment and management.* New York: Guildford.

Norman, I. J., & Redfern, S. J. (1997). *Mental health care for elderly people.* New York: Churchill Livingston.

Salzman, C. (1994). Pharmacological treatment of depression in elderly patients. In L. Schneider, C. Reynolds, B. Lebowitz, & A. J. Friedhoff (Eds.), *Diagnosis and treatment of depression in late life: Result of the NIH Consensus Development Conference* (pp. 181–244). Washington, DC: American Psychiatric Press.

Scogin, F., & McElrath, L. (1994). Efficacy of Psychosocial treatments for geriatric depression: A quantitative review. *Journal of Consulting and Clinical Psychology, 62,* 69–74.

Seligman, M. E. P., & Maier, S. F. (1967). Failure to escape traumatic shock. *Journal of Experimental Psychology, 74*(1), 1–9.

# 찾아보기

## ◎ 저자 소개

### 설순호(Seol, Soon-Ho)

서울대학교 국어국문학과와 심리학과를 졸업하고, 서울대학교 사회과학 대학원에서 임상 및 상담심리학 전공으로 석사학위를, 서울대학교 의과 대학원에서 정신과학 전공으로 박사학위를 취득하였다. 서울대학교병원 정신건강의학과에서 임상심리수련과정을 수료하였고, 임상심리전문가 자격을 취득하였다. 현재 서울주니어상담센터 소장으로 재직하고 있으며 여러 대학에 출강 중이다. 주요 저ㆍ역서로는『변증법적 인지행동치료』(공역),『강박증의 인지치료: 전문가용 지침서』(공역),『강박증의 통합적 이해』(공저)가 있고, 강박장애 및 인지행동치료에 관한 다수의 논문이 있다.

### 임선영(Im, Sunyoung)

서울대학교 불어교육과와 심리학과를 졸업하고, 동 대학원에서 임상 및 상담심리학 전공으로 석사학위와 박사학위를 취득하였다. 서울아산병원 정신건강의학과에서 임상심리수련과정을 수료하였고, 정신보건임상심리사(1급), 임상심리전문가, 상담심리전문가 자격을 취득하였다. 대학 및 기업 내 상담센터에서 전문가로 활동하였으며, 현재 한림대학교 심리학과 교수로 재직하고 있다. 주요 역서로는『인생을 향유하기』(공역),『긍정심리학: 정서적 경험 활용하기』(공역) 등이 있고, 상실 및 외상 후 성장에 관한 다수의 논문이 있다.

ABNORMAL PSYCHOLOGY 30

# 노년기 정신장애 건강하고 행복한 노년기의 장애물
Mental Disorders in the Elderly

2016년 3월 30일 2판 1쇄 발행
2021년 3월 25일 2판 2쇄 발행

지은이 • 설순호 · 임선영
펴낸이 • 김진환
펴낸곳 • (주) **학지사**
　　　　04031 서울특별시 마포구 양화로 15길 20 마인드월드빌딩
대표전화 • 02)330-5114　　팩스 • 02)324-2345
등록번호 • 제313-2006-000265호

홈페이지 • http://www.hakjisa.co.kr
페이스북 • https://www.facebook.com/hakjisabook

ISBN 978-89-997-1030-8 94180
　　　 978-89-997-1000-1(set)

정가 9,500원

이 도서의 국립중앙도서관 출판시도서목록(CIP)은 서지정보유통지원시스템 홈페이지(http://seoji.nl.go.kr)와 국가자료공동목록시스템(http://www.nl.go.kr/kolisnet)에서 이용하실 수 있습니다. (CIP제어번호: CIP2016005548)

출판 · 교육 · 미디어기업 **학지사**

간호보건의학출판 **학지사메디컬** www.hakjisamd.co.kr
심리검사연구소 **인싸이트** www.inpsyt.co.kr
학술논문서비스 **뉴논문** www.newnonmun.com
원격교육연수원 **카운피아** www.counpia.com